Franz Wittmann (Hrsg.):
Das Egerland lebt

Franz Wittmann (Hrsg.)

Das Egerland lebt

– Eine Anthologie –

Helmut Preußler Verlag · Nürnberg

Das Buch bewahrt die Seele der Heimat.
Es führt über Zeit und Raum
zurück in der Väter Land. —
Nimm ein Heimatbuch zur Hand
und du bist daheim.

Umschlagbilder: Egerländer Trachtengruppe
des Heimatkreises Bischofteinitz

Wir danken dem „Landschaftsrat Egerland“ in der Sudetendeutschen Landsmannschaft und der „Fachgruppe Publizistik“ im „Arbeitskreis Egerländer Kulturschaffender“ für die Unterstützung bei der Herausgabe des Buches. Der Verlag

ISBN-Nr. 3-921332-92-2

Druck: Helmut Preußler Verlag + Druckerei, Nürnberg

Dieses Buch

faßt in bunter Vielfalt, so vielgestaltig wie die Literatur, ja das ganze Leben ist, in Lyrik und Prosa die hervorragendsten, noch lebenden Autoren aus dem Egerland mit Beiträgen zusammen. Sie erzählen von daheim und von der Fremde, von Heimatliebe und Vertreibung, von Treue und Schicksal und Trauer... Sie schrieben für alte und junge Menschen, Ernstes und Heiteres, Erhebendes und Bedrückendes, Besinnliches und Tragisches. Sie geben in Worten verdichtet ihre Empfindungen über Natur und Jahreszeiten, über Denken, Fühlen und Tun der Menschen in den verschiedensten Lebenslagen wieder. Wir finden Märchen und Sagen, Erzählungen, Lieder, Humoresken, Betrachtungen und Berichte, Sinnsprüche und Haikus... Die ganze Spannweite literarischen Schaffens ist das unbestechliche Gedächtnis des Lebens einer Zeit. Und zudem ist diese Herzenssprache über die Aussagekraft der einzelnen hinaus ein untrügliches Kennzeichen des Volksstammes, ein Spiegelbild des Egerlandes.

Dazu gesellt sich ein kleiner Ausschnitt aus den Werken unserer Künstler, von Malern, Graphikern, Bildhauern, einer Tänzerin, Linol- und Scherenschneiderin, eines Kunstschmieds.

Ich danke allen meinen Kolleginnen und Kollegen aus der gemeinsamen Heimat, die durch ihre Leistungen an diesem Buche mitwirkten. So entstand ein Werk, das wahrhaft den Titel „Das Egerland lebt“ verdient. Es soll unseren Heimatfreunden Erinnerung, Wiederfinden und Lesevergnügen geben.

Der Herausgeber

Verehrte Leser!

Zur Zeit der Vertreibung aus der Heimat durch tschechischen Terror wäre es unmöglich gewesen, ein Buch des vorliegenden Inhalts zu gestalten. Einige der zu Würdigenden waren noch gar nicht geboren oder steckten in den Kinderschuhen, und viele der Älteren hatten noch nicht zu erkennen geben können, welche künstlerischen Leistungen in ihnen stecken. Wenn aber jetzt, nahezu vier Jahrzehnte nach dem unheilvollen Geschehen, dieses Buch erscheinen kann, dann wird es für ungezählte Zeitgenossen eine kaum zu erwarten gewesene, ja kaum verständliche Überraschung sein, die in ihrer Realität nicht hoch genug zu veranschlagen ist.

Und daß das Bedürfnis nach einem derartigen Buch zur Tat werden kann, ist schlicht und einfach in der Lebenskraft unseres Volksstammes innerhalb der vertriebenen Sudetendeutschen und anderer Ostdeutscher zu sehen: daß Egerländer zu allen Zeiten und damit auch heute ein ganz besonderer Menschenschlag geworden sind, den schwere Zeiten eher härter und widerstandsfähiger machen als zur Aufgabe gesteckter Ziele zwingen. In unseren Kulturschaffenden unterschiedlichster Disziplinen zeigt sich sehr deutlich Überlebenswille, Bekennermut und Schaffenskraft der Egerländer.

Allen an und in diesem Buch Betroffenen wünsche ich Erfolg zu ihrer Arbeit und tüchtigen Umbruchs in die Zukunft, um unter Beweis stellen zu können: Das Egerland lebt!

Ernst Klier
Landschaftsbetreuer Egerland in der SL

Zum Geleit

„Das Egerland lebt"

Dieser Titel ist Anspruch und Nachweis zugleich. Was hier auf rd. 370 Seiten festgehalten wird, vermittelt einen lebendigen Eindruck vom Kunst- und Kulturschaffen unserer Egerländer Landsleute.

36 Persönlichkeiten, darunter 23 Autoren, werden hier mit Ausschnitten aus ihrem Werk und Darstellungen ihres Wirkens vorgestellt. Diese Künstler, die jetzt verstreut in der Bundesrepublik Deutschland leben, in einem Band zusammengeführt zu haben, das ist das große Verdienst von Franz Wittmann, der sich bereits mit zahlreichen anderen Publikationen einen Namen gemacht hat.

Das vorliegende Werk will mehr sein als ein Lesebuch! Es dient der Förderung unserer lebenden Künstler und zeigt sie uns in Schrift und Bild. So groß ihre Zahl ist, so vielseitig ist die getroffene Werkauswahl. Da finden sich Lyrik und Prosa, wechseln Hochsprache mit Mundart, und diese Eindrücke werden vertieft durch ein reiches Bildmaterial. So gerät dieses Buch zu einem kulturellen Dokument, das zugleich ein eindringliches Bekenntnis zur Heimat ist.

Ich wünsche diesem Band eine große Leserschaft! Hier nämlich erweist sich aufs neue, daß Egerländer nicht nur in der Vergangenheit, sondern auch in der Vertreibung unserem Kulturleben beachtliche Impulse zu geben wissen.

Als Egerländer freue ich mich besonders über das Erscheinen dieses Buches. Ich danke dem Herausgeber und den Künstlern für ihr Wirken. Sie vermitteln eine Vorstellung von der in unserer ganzen Sudetendeutschen Volksgruppe angelegten kulturprägenden Kraft!

Franz Neubauer
Staatssekretär
Sprecher der Sudetendeutschen Volksgruppe

Walter Becher

Pferde meiner Kindheit

Das Tal der Kindheit liegt weit hinter den Bergen meiner Erinnerung. Es ist, als schaute man auf die Straßen eines früheren Lebens, auf etwas, das fern und vergangen und manchmal doch wieder so nah wie gestern und heute ist.

Auf diesen Straßen gab es noch die Welt der Pferde. Wenn der Rauhreif kam und der Nebel der späten Novembertage, legte man ihnen Glocken an das Kummet. So sehe und höre ich sie heute noch dahinstampfen, die grobgeschirrten Pinzgauer vor den knatternden Kohlenwägen der Firma „Radler & Co.": schwer, schnaufend, voller Kraft. Sie läuteten uns Buben der Panoramastraße die Weihnachtszeit ein. Jetzt, das wußten wir, war das Geheimnis auf dem Wege, und am Ende stand der glückselige Heilige Abend.

Karlsbad anno 1919. Wir gingen in die zweite Klasse der oberen Volksschule und bevölkerten, war die Schule aus, Wege und Parkanlagen. Mit den Becker-Buben und dem kleinen blonden Szenthmihaly (oder wie hieß er doch?) saßen wir auf dem Holzgeländer vor dem Hause „Grado" und zählten – die „weißen" Schimmel. Soviel Pferde zogen damals noch vorüber, daß wir die Schimmel zählen und uns gegenseitig dafür Prämien geben konnten!

Heute fahren wir mit dem Auto durch das Land, kilometer- und kilometerweit und treffen auf keine Pferde. Peter war 2½ Jahre alt, als er das erste sah. Er macht sich nunmehr einen Spaß daraus, uns 10 Pfennige für jedes der seltenen Rösser abzuknöpfen, das er als erster vom Kraftfahrzeug aus auf irgendeinem Feld erblickt.

Welch arme, verkümmerte Zeit! Die Straßen meiner Kindheit waren noch für die Pferde bestimmt. Sie zogen die städtischen Kehricht-Wagen, auf denen gefangene Russen saßen, und sie zogen den Postwagen, der in meiner Zeit wohl zum letzten Male von Buchau her in das Weltbad fuhr. Mit ihm fuhren Hunderte von Bauernwagen, große und kleine, von den Dörfern um Espenthor die Kunststraße herab. Sie brachten Kartoffeln und Krautköpfe, Kannen voll Milch, Eier und Geflügel, und sie fuhren die Schätze der „unteren" Stadt wieder nach Hause zurück.

Dazwischen fuhren die Veteranen des Fernverkehrs, bauchige Planwagen, an deren Seiten große Bierfässer im Geschirr hingen und deren Fuhrleute hinter den Kruppen ihrer Pferde dahindösten. Es war ein ständiges Kommen und Gehen, ein Verkehr ohne Asphalt und Gummiräder. Viel vom Leben des Landes lag darin, eine Melodie, die in mir nachklingt, wenn ich in jene Zeit zurücklausche.

Da waren zudem die großen Einkehrgasthöfe, die Umschlagplätze vergangener Tage: das Gasthaus „Zur Sonne" und der „Reichsadler". Dort standen die Gespanne zu dreien und zu vieren. Es roch nach Heu und Pferdeäpfel. Drin in der Wirtsstube saßen die Bauern beim Bier. Der „Reichsadler", der „Bock", das „Bergwirtshaus" waren so etwas wie Raststätten an der Autobahn von anno dazumal. Groß und geräumig lagen die Stallungen. Sie waren voller Gespräche, die weit in die Ferne wiesen. Wir Kinder hielten uns gerne zwischen den Fuhrwerken auf und taxierten die mitgebrachten Waren.

Das war nicht mehr lange so. Schon bald mischten sich die Autos zwischen die Pferde, Lastwagen und offene Kabrioletts, in denen Chauffeure mit flachen Mützen und Damen mit Hüten und Schleiern saßen. Immer moderner wurde die fahrende Welt und bald wußten auch wir die Auto-Marken zu unterscheiden: Praga und Tatra. Aber noch lebten wir im Schatten der Pferde.

Welch eine Lust, hinter ihnen herzulaufen, wenn sie nach einem sommerheißen Tag den Sprengwagen zogen, der sein kühles Naß auf den Staub der Straße goß, einen Wasserstrahl, den wir lachend unterliefen. Mag dann der Duft der Kühle von den Wegen aufgestiegen sein: welch ein Gefühl der Geborgenheit in einer schönen und sauberen Urbanität!

Karlsbad war die Stadt der Einspänner. Wo immer ich heute die letzten Exemplare ihrer Gattung erblicke – dann und wann in Wien, in Salzburg, in Partenkirchen oder in fernen Städten des Südens –, spüre ich ein Stück der alten Heimat. Das Trab-Trab der Fiaker schuf den heimlichen Rhythmus der Sprudel-Stadt. Es hallte durch die Straßen wie ein leiser Trommelschlag, vom frühen Morgen bis zum Abend. Es war der Unterton des Alltags, vermischt mit dem Rauschen der Tepl und dem Geläute der Kirche. Es drang selbst noch durch die Musik der Konzerte, deren Klang-Schwaden oftmals weit über die Gärten verschwebten.

Stille Mittagsstunde am Standplatz an der Tepl-Brücke. Die Pferde kauen im Hafersack. Dann und wann stößt ein Hufschlag auf. Die Kutscher schlummern den Schlaf der Gerechten. Wer erinnert sich nicht an solche Idyllen? Die Pferde lieferten Impressionen vom Leben her, malerisch und liebenswert.

Wie gewaltig aber vermochten sie sich in Szene zu setzen, wenn es darauf ankam. Ging eines der Rösser einmal durch, dann zitterte die ganze Straße, und nur beherzte Männer vermochten sich ins Zaumzeug zu werfen, um die schnellen Tiere aufzuhalten. Welch eine Kraft und Lust, wenn der Reiss-Fleischer aus Schneidmühl, ein Meister seines Metiers, über die Straßen jagte. Da fuhren Bier und Schnaps und eine pralle Börse mit. Da knallte die Peitsche, das Gespann griff aus, als ob es ein Rennen führte. Wir Buben schrien laut und trieben die Braunen noch obendrein an, damit sie recht im Sausen die Kurven nahmen.

Wir kannten sie alle, die berühmten Pferdehalter, den Anton-Kutscher mit seinem Nobelgespann, die herrschaftliche Ausfahrt beim Mattoni oder beim Primator Fink, die stolzen Rappen vor den Steirer-Wagen, die vom Lande kamen und so schmuck wie Spielzeug schienen.

Pferde der Kindheit! Sie bleiben in unserer Erinnerung wie Zeugen einer besseren Zeit. Ob sie wirklich besser war? Ich weiß es nicht. Vielleicht ist die Antwort auf solche Fragen relativ. Ich weiß nur, daß die Menschen damals gemütlicher lebten, daß wir uns alle nach den Pferden sehnen.

Die Braupferde und die der „bahnamtlichen Rollfuhr" waren lange noch die Lieblinge Münchens. Auch der rasendste Autofahrer nahm einen Schluck voll Freude mit, als er vorbeihuschte. Auch sie sind aus dem Stadtbild verschwunden. Nur die Reitsport-Pferde gibt es noch, die Haflinger und die Rösser im bayerischen Oberland. Insgeheim grüßen wir in ihnen eine geruhsamere Zeit, und das will etwas bedeuten.

Für viele von uns brach erst nach der Vertreibung das Zeitalter der Motorisierung an. Wir gingen zu Fuß und mieden das Heulen der Viertakter. Der Klang der Heimat hatte einstmal andere Töne. „Einspänner! Zweispänner!" schallten die Rufe der Fiaker über den Bahnhofsplatz, da wir nach langer Zeit des Ferneseins wieder nach Karlsbad kamen.

„Einspänner! Zweispänner!" Hört ihr es noch in den Ohren klingen? Wenn wir's damals vernahmen, wußten wir: jetzt sind wir daheim. Daheim im Tal der Kindheit und ihrer Pferde.

In einem Nu

In einem Nu vergehn mir Sein und Sinne,
Du bist nicht hier, bist Lippe nicht und Lust,
bist in den Armen nicht die Minne,
das Wogen nicht der Brust.

Bist nicht das Leuchten Deiner Augen,
der Hände Kosen bist Du nicht!
Du bist entrückt, o laß mich glauben,
bist wie verklärt im Licht!

Bist wie im Blick zur Sonne
ein Blitz im hellen Nu.
Ein Glockenschlag der Wonne,
versunkenes Selbst bist Du! (1966)

Werte der Welt

Über den Dingen
wolkenhoch schwingen,
schweigen und sinnen
die Gedanken der Welt.

Fern ist der Erde
drängende Herde,
Gebalg und Gebärde
auf verlorenem Feld.

Gletscher und Glimmer
Grönland-Geschimmer,
Ödland, wie immer,
das im Nebel zerfällt.

Gottes Ideen
nimmer verwehen,
lassen verstehen,
was uns liebend erhält.

(Im Flug über Grönland, August 1975)

Wir trinken mit
(Akrostichon)

Einsamkeit ist Balsam nur,
wenn Du an meiner Seite weilst.
Ich fühl den Tag, die Zeit, die Kur
wie Träume, die Du fern verteilst.
Horch auf den Amselsang im Frühlingshain:
Am hohen Berg bist Du, am Rain!

Bald stehst du neben mir.
Ein Glockenspiel erklingt.
Christophorus hält Kind und Zier
im Haus, das wieder singt.
Erheb Dein Glas! Wir trinken mit:
Raumlos zu zweit, reimvoll zu dritt!

(Bad Feilnbach, 1979)

Mein drittes Bein

Mein drittes Bein ist knochenhart
und wanderweit erprobt.
Wenn müde schon das zweite knarrt,
sei, treuer Stock, mir hochgelobt!

Wenn auch das erste wanken will,
hältst du im Wehen Schritt,
im Zaudern und im Schwanken still
und sagst: „Mein lieber Freund, komm mit!"

In deinem Griff liegt meine Hand,
als gäbst du ihr die Kraft,
als wär die Straße nur ein Band,
auf dem ich Schritt für Schritt geschafft.

So wandern wir einher selbdritt
ins ferne Heim, ins Ziel.
Heut ging am Berg die Liebe mit,
auf die die Sonne fiel.

Führ sicher uns und wegbereit,
wohin die Spuren ziehn,
bergauf, bergab, weltwinkelweit
zur Stunde der Erfüllung hin.

(Triebental, 7. Juli 1974)

Dr. Walter Becher wurde am 1. Oktober 1912 „auf der Sprudelschale" geboren. Väterlicherseits entstammt er einer Familie, deren Karlsbader Stammbaum bis ins 16. Jahrhundert zurückgeht. Die mütterliche Linie weist nach Pirkenhammer, dem lieblichen Ort an der Tepl, in dem Verwandte und Vorfahren den edlen Beruf des Porzellan-Malens ausübten.

Der nachmalige Abgeordnete (von 1950 bis 1952 im Bayerischen Landtag; von 1965 bis 1980 im Deutschen Bundestag und Sprecher der Sudetendeutschen Landsmannschaft von 1968 bis 1982) gehört zu den Menschen, die „Musik im Leibe haben." Das führte ihn von frühester Jugend an zu gleichgestimmter Ausdruckskraft in der Sprache. Die Poesie seiner Egerländer Heimat ließ ihn – wie er sich auszudrücken pflegt – das „Inbild der Dinge" erahnen und ermöglichte ihm die dichterische Schau.

Sie haben sein Wirken wohl stets, aber nur in aller Verschwiegenheit begleitet. Der Politiker darf ja weder poetische Bilder malen, noch Verse schreiben. Daß er es gelegentlich dennoch tat, bezeugen die vorstehenden Beiträge.

Gertrud Beitlich-Dörfler

Sandspiele

Er wußte schon, was ihn erwartete: wenn er Tochter und Schwiegersohn besuchte, nahm ihn sofort sein jetzt achtjähriger Enkel in Beschlag. „Spielst du nachher mit mir, Großvater?” – „Ja, nachher”, versprach er und trank vorerst mit Tochter und Schwiegersohn Kaffee.

Zur Freude Franks war er stets bereit, stundenlang Boote und Autos fernzusteuern oder über Brettspielen zu sitzen. Am liebsten jedoch bauten sie draußen an der Gartenmauer einen Ort, den sie „Meierhöfen” nannten. Er zeichnete den Plan mit einem Stück Holz in den sandigen Boden: den Verlauf des Flußes, die Stelle, wo ihn eine Brücke überspannen sollte, die Straßen durch den Ort, einen Bach, die Rennbahn, Häuserzeilen, Gärten, und am Saum des Geländes den Wald. Er vergaß auch nicht, die Eisenbahnlinien anzudeuten. Zwei waren es, beide vom nahen Karlsbad kommend, eine geradewegs nach der alten Staufenstadt Eger laufend, die andere nach einem kleinen Städtchen namens Petschau.

Der Enkel schleppte indessen in Körben an, was er an brauchbarem Spielzeug besaß: Häuser und Zäune, Eisenbahnschienen, Waggons, Kühe, Pferde und Männchen; und noch einmal eine Schachtel voll Häuser, große und kleine. Was ihnen fehlte, fanden sie in der Umgebung: Steine, Hölzer, Pflanzen, Zweige. Zuerst gruben sie das Flußbett, dadurch gewannen sie erneut Baumaterial. Sobald die Eger Meierhöfen erreicht, war sie lange durch grüne Wälder geflossen und hatte gleichsam etwas von deren Farbe angenommen. Aber sie wollten das Flußbett erst später mit Wasser füllen, dann, wenn alles andere fertig war und sie beide einmütig der Meinung, nun sei der Ort gelungen, ja fast vollkommen.

Er, der Ältere, gab die Anleitungen. Er erinnerte sich, obwohl er Meierhöfen seit Jahrzehnten nicht mehr gesehen hatte, noch gut an den Ort. Er teilte ihn in Viertel auf, nannte dabei deren Namen. Manche kamen dem Enkel unverständlich vor: Wassersuppe, Neue Welt, Auf der Not, Rutscher . . .; er verlangte Erklärungen. Für jenen Teil, der sich „Auf der Not" nannte, wußte der Großvater einen Reim: „Auf der Not gibt's zwei Bäcken, hat keiner einen Wecken, hat keiner ein Brot, d'rum heißt's: Auf der Not". Aber warum „Wassersuppe"?! Großvater fand auch dafür eine Begründung: des Hochwassers wegen, das es auf den tieferliegenden Flußwiesen gelegentlich gab, aber auch dort auf der Rennbahn und hier, wo sich Schule, Turnhalle und Spritzenhaus ein Stelldichein gaben. Mit ungeahnter Eile konnten sich Fluß und Bach, sonst durch Wiesen, Straßen und Häuserreihen voneinander getrennt, zu einem einzigen breiten Strom vereinigen. Am Morgen waren die Kinder noch trockenen Fußes ins Schulhaus gelangt, kurze Zeit später lag das Gebäude wie ein ankerndes Schiff inmitten eines aufgewühlten Sees; worauf es der Freiwilligen Feuerwehr ratsam erschien, die Schulkinder unverzüglich aufs Trockene zu bringen.

Die Insel im Fluß war schon im Grundriß angedeutet, aber noch nicht bepflanzt. Erlengestrüpp, Weidenbüsche und würzig riechende Aronstabgewächse hatten darauf zu stehen. Wo keine Badegäste lagerten, sollten sich Brennnessel breitmachen. Undurchdringlich oft das Dickicht, ein kleiner Dschungel, den man kaum zu betreten wagte. An seinem Rand aber, im Schutze und Schatten freundlicher Weiden, konnten sich die Badenden sonnen, aus Krügen und Flaschen Wasser trinken und ihre mitgebrachten Brote verzehren.

Einen zweiten Badeplatz schufen sie oben beim Wehr, da wo die angestauten Fluten donnernd in das tieferliegende Flußbett stürzten und die silberweiß aufschäumende Gischt sich an den im Wasser liegenden Felsbrocken brach. Rund geschliffen vom ständigen Kosen der Wellen lagen die schwarzen Steine auf sonst hellem, sandigem Grund.

Sie legten die diesseitige Rennbahnwiese an; freilich ohne das hohe Wedelgras, das er so gerne mochte. Fein war es, dünn und zart. Wenn der Wind darüberstrich, dann wogten die biegsamen Halme mit den rotbraunen Rispen, als würde ein Ballen glänzender Seide über die Wiese gerollt. Wateten sie, von der Insel kommend, durch die knietiefe Furt und liefen dann mit noch nassen Beinen durch das Halmenmeer, dann blieben unzählige der rotbraunen Blütchen auf der nackten Haut hängen. Sie trugen die Speizen und Blüten hinüber bis an die Straße, dort, wo die Ställe der Rennpferde standen. Doch die edlen, prächtigen Pferde sahen sie nur während der Saison. Sie waren sonst auf Reisen, zu Wettrennen in Prag, Budweis oder Budapest.

Jenseits der Straße breitete sich die lange, kaum übersehbare Rennbahn aus, eine Bahn mit grünem Rasen, Hürden, Hecken und Gräben und einer dichtbesetzten Tribüne. Bunte Fähnchen flatterten im Wind, Frauen und Männer liefen hin und her und schlossen Wetten ab, Jokkeis in glänzenden Seidenblusen saßen, ihre tänzelnden Pferde zur Ruhe mahnend, in den Sätteln und warteten auf den Beginn des Rennens.

Frank und er zogen einstweilen pappelgesäumte Straßen durch den Ort und setzten Wohnhäuser. Dazu zwei große Porzellanfabriken und eine lange, flache Glashütte.

Hier verdiente so mancher Einheimische sein Brot, Onkel Rudolf zum Beispiel, der Glasbläser, oder Tante Anna, die Porzellanmalerin. Auch einen Porzellandreher gab es in der Verwandschaft; den stets gutgelaunten Vetter Oswald, der später im Krieg fiel. Seinerzeit aber hatte er in einer der Porzellanfabriken gearbeitet und ihm von der Herstellung des Porzellans erzählt: Wie das Kaolin, das im nahen Zettlitz gefördert wurde, mit Feldspat und Quarz vermischt, naß auf Scheiben geformt und in besonderen Öfen gebrannt würde und daß man für die vor dem Glasieren aufgetragene Malerei Metallfarben verwende, Kobalt beispielsweise oder Chrom, Uran und Gold. Und er hatte als Junge auch einen Blick in die Glashütte werfen dürfen, wo Onkel Rudolf mit einem langen eisernen Rohr Tropfen der Glasmasse aus dem Hafen aufnahm und durch Blasen, Drehen und Schwenken frei in der Luft die gewünschte Form erzielte: kunstvolle, teuere Gläser, die in alle Welt verschickt wurden.

Zwischen Schule und Gemeindeamt legten sie den Park an. Unter den Zweigen von Goldregen und Hängeweiden warteten weißgestrichene Bänke auf Spaziergänger. Ein paar Wegschleifen gab es, nicht viel, der Park war eher klein als groß. Daneben, vom Park her der hohen Büsche wegen kaum einsehbar, lag der Schulhof, auf dem in den Pausen die Kinder lärmten.

Einige der Gebäude hatten sie selbst geschnitzt, das Spritzenhaus zum Beispiel. Unter dem vorspringenden Dach, da, wo die Feuerwehrleitern lagerten, hatte einmal während eines schweren Gewitters die kleine Haberzettel Marie gesessen, in der einen Hand eine große Rohrzange, in der anderen einen Hammer. Beides stammte aus dem Werkzeugkasten ihres Vaters. Die kleine Marie wollte die Behauptung ihrer Lehrerin, daß der Blitz mit Vorliebe in stählerne Gegenstände einschlägt, nachprüfen. Wohlweislich, wie sie meinte, hielt sie Zange und Hammer weit von sich, ja, warf sie, als der Donner den Blitzen immer rascher folgte, weit hinüber auf die Wiese. Doch der nächste Blitz fuhr in eine der hohen Pappeln drüben an der Straße und verschonte Hammer und Zange und die unbelehrbare Marie.

Sie waren noch immer am Häusersetzen. Kleinere, einfache Wohnhäuser zumeist, auch etliche landwirtschaftliche Anwesen, zwei, drei Gasthäuser, eines davon mit einem Vorgarten, unter Kastanienbäumen Tische und Bänke für durstige Gäste. Eine Gärtnerei. Der mit Kresse eingefaßte Weg hinab zum Gewächshaus. Lange Stielrosen in weiß, gelb und rosa auf braunem Feld. Ganz hinten, wo sich die Straße nach Putschirn verlor, noch ein kleines Wäldchen; Mischwald, durch den leise murmelnd ein Wässerchen schlich.

Manches konnten sie nur andeuten. Den großen Scherbenhaufen etwa, der zur oberen Porzellanfabrik gehörte. Hier wurde schadhafte Ware auf die Halde gekippt. Oft waren die Fehler nur gering, und so manches unbedarfte Mädchen aus dem Ort holte sich hier das eine oder andere Stück Geschirr für seine Aussteuer.

„Soll ich Scherben besorgen?" erkundigte sich Frank. „Mama hat gestern zwei Teller zerbrochen. Sicher finde ich sie im Mülleimer."

Sie fanden immer etwas, das sie für die Erstellung des Ortes verwenden konnten: Drahtgeflecht, aus dem sie Zäune und Gartentore schnitten, eine Dose mit einem Stück Rohr im Bauch und einem Schwenkel am Rücken, eine ansehnliche Pumpe, ein Stück Weißblech, das sie zu einem Wehr zurechtbogen und in den Fluß setzten. Im Augenblick pflanzte Großvater gerade Weißdornbüsche ans Bachufer. „An dieser Stelle", berichtete er, „ist meine jüngere Schwester einmal im Eis eingebrochen und beinahe ertrunken."

„Deine jüngere Schwester? Wer ist das?"

„Deine Großtante Ida."

„Großtante Ida aus Frankfurt oder Großtante Ida in der De-de-er", fragte Frank zurück.

Er vergaß zuweilen, daß Frank zwei Tanten mit dem gleichen Vornamen besaß, und daß er beileibe nicht alle Verwandten kannte, weil sie weit verstreut im Land wohnten; einige sogar in Amerika. Seine unternehmungslustigen Nichten Adelheid und Gabriele beispielsweise, deren Anschrift – er trug sie wie alle Adressen stets in einem kleinen Büchlein bei sich – lautete jetzt: POINSETTIA DRIVE HOLLYWOOD, CALIFORNIA. Nach der Vertreibung hatten sie sofort versucht, einander wiederzufinden, doch das Zusammenwohnen scheiterte zunächst an den beengten Unterkünften und später an dem Umstand, das inzwischen jeder an dem Ort, an den es ihn verschlagen, eine neue Existenz aufgebaut hatte.

„Und wo", fragte Frank, das schon weit gediehene Werk betrachtend, „hast du gewohnt, Großvater?"

Er zeigte auf ein hellgraues Häuschen, in dessen Erdgeschoß sich ein kleiner Kaufladen befand.

„Und wo soll ich wohnen?"

„Wo würde es dir denn gefallen?"

„Ich könnte eine Autowaschanlage an die Straße stellen", schlug der Enkel vor. „Oder eine Hochgarage."

„Nein, nein, wozu", wehrte der Großvater ab. „Du mußt bedenken, dies ist Meierhöfen, wie es vor rund einem halben Jahrhundert aussah. Wer hatte damals, zur Zeit der Wirtschaftskrise, schon ein Auto? Der Metzger vielleicht, oder der Fabrikdirektor."

Er wußte, sein Enkel würde den Ort ganz anders bauen. Nicht nur bestellt mit einer Hochgarage, sondern mit allen technischen Errungenschaften seiner Zeit: mit Abschußrampen auf den Egerwiesen und einer Raumfahrtzentrale jenseits des Waldes. Was für einen gewaltigen, in seiner eigenen Kindheit ganz unvorstellbaren Bogen hatte die Technik seitdem geschlagen, zeitlich so eng gespannt, daß erste tastende Versuche und überragende Erfolge in einem einzigen Menschenleben Platz hatten!

Franks Spielhaus glich dem, in welchem er jetzt wohnte: ein Flachhaus mit Terrasse, Garage und Ziergarten. Nur das Schwimmbecken ließ er weg. Er wollte, sagte er, mit den anderen Buben des Ortes im Chodaubach baden oder in der Eger schwimmen. Vielleicht auch ins Freibad nach Fischern gehen, das nach Großvaters Schilderung so ganz anders aussah als die heutigen: mit Schwimmbecken auf Holzpfählen, die man einfach in den Fluß hinausgebaut hatte, so daß ständig das flaschengrüne Egerwasser hindurchfluten konnte.

Es gelüstete den Älteren selbst, dieses oder jenes schöne Fleckchen an Meierhöfen heranzurücken, das in Wirklichkeit abseits stand. Die sagenumwobenen Hans-Heiling-Felsen etwa oder eine der Burgen aus der Umgebung. Doch er legte seiner Baulust Zügel an. Schon fehlte es an Platz für den Meierhof und die weit draußen liegenden Teiche. Er war sich bewußt, daß der Ort heute nicht mehr so aussah, wie er ihn in Erinnerung hatte und hier mit dem Enkel erstellte. Auch sein Elternhaus gab es nicht mehr; nicht mehr den kleinen Laden, in dem am frühen Morgen die Fabrikarbeiter ihre Frühstückssemmeln gekauft hatten und etwas später die Kinder auf dem Weg zur Schule die ersten Naschereien: ein paar Himbeerzuckerln, eine Rippe Milchschokolade oder ein Spitztütchen voll Burnüsse.

Im Laufe des Vormittags waren dann die Hausfrauen angekommen, hatten noch rasch etwas für das Mittagessen besorgt: fünf Deka Hefe für den Liwanzenteig, grün eingelegte Paradeiser, Salzheringe aus dem Faß oder ein Viertelpfund Malzkaffee. Jedesmal, wenn die Türglocke bimmelte, ließ seine Mutter die Arbeit in Haus und Hof liegen und eilte in den Laden, um dort zu bedienen – bis eines Tages Vater seinen Posten als Schachtsteiger verlor, weil das Bergwerk bei Janessen geschlossen wurde. Ab diesem Tag stand er hinter dem Ladentisch und wog Grieß und Zucker ab und unterhielt sich mit den Kunden.

Nein, sein Elternhaus gab es nicht mehr, es war, als sie fortgingen, unbewohnt geblieben, dann zur Ruine geworden und schließlich zu einem Steinhaufen zusammengefallen. Er dachte: es sollte mich nicht wundern, wenn es hier ab und zu in finsteren Neumondnächten spukt. Meine Großmutter („Gott hab sie selig", sagte man früher, wenn man von Verstorbenen sprach) war eine fromme Frau, aber sie glaubte an okkulte Erscheinungen. Was wunder also, wenn sie jetzt selbst an die Stätte ihres einstigen Wirkens zurückkehrt und die Hände über den Kopf zusammenschlägt vor Entsetzen über das, was sie vorfindet. Vielleicht versuchte sie die Steine abzutragen, um nach ihrem Klöppelsack zu suchen. Sie konnte klöppeln, seine Großmutter, denn sie stammte aus dem nahen Erzgebirge und hatte dieses Kunsthandwerk schon als kleines Mädchen erlernt. All die kostbaren Einsätze an der Bettwäsche und die zierlichen Spitzen im Küchenschrank stammten von ihrer Hand. Er hatte ihr oft zugeschaut, wie sie die Klöppel unendlich flink übereinander warf, damit das Garn sich zu dem gewünschten Muster verknüpfte.

Der Ort war fertig. Frank schleppte die erste Kanne Wasser herbei und goß es vorsichtig in das Flußbett.

Schon umspülte es die Insel und schoß auf das Wehr zu. Sie waren zufrieden mit ihrem Werk. Franks Mutter trat hinzu, um sich alles anzusehen. Auch sie kannte Meierhöfen nicht. Sie war ein paar Wochen alt gewesen, als sie es verlassen mußten.

Jetzt betrachtete sie alles, dachte an ihre verstorbenen Vorfahren und fragte: „Wo befand sich eigentlich unser Friedhof, Vater?" – „Weißt du", sagte er und strich sich die von der Brise aufgewühlten Haare zurecht, „mir fällt es erst jetzt auf, daß wir in Meierhöfen gar keinen Friedhof hatten. Platzmangel kann nicht der Grund dafür gewesen sein, eher schon Mangel an Geld. Oder aber", er lachte, „wir Meierhöfener waren dem Leben so zugetan, daß wir nicht an den Tod dachten. Die Wahrheit ist", fügte er hinzu, „daß wir zum Kirchsprengel Fischern gehörten und unsere Verstorbenen dort beerdigt wurden."

„Wir könnten uns doch einen eigenen Friedhof anlegen, Großvater", schlug der Enkel vor, „einen mit Kreuzen, Grabsteinen und vielen Blumen. Und einer kleinen Kapelle."

„Nein nein, es gab keinen in Meierhöfen und darum wollen wir es lassen", sagte Großvater. Manchmal war er schon eigensinnig. –

In der Nacht, bevor er abreiste, gingen starke Regengüsse über der Gegend nieder. Frank kam schon im Morgengrauen zu ihm ins Zimmer und berichtete aufgeregt, daß halb Meierhöfen überschwemmt sei. „Du mußt es dir gleich ansehen, Großvater! Es ist genau so, wie du es geschildert hast."

Er ging noch vor dem Frühstück mit dem Enkel hinaus und besah sich den Schaden. Das Wasser hatte sich inzwischen verlaufen, es stand nur noch in Pfützen und Tümpeln auf den Flußwiesen, doch es hatte Häuser hinweggeschwemmt, Bäume entwurzelt und Gärten verwüstet. „So schlimm ist es in Wirklichkeit nie gewesen", sagte er zu seinem Enkel und bückte sich, um die Figur einer Bäuerin, die es von ihrem Hof bis zum Wehr hinuntergetrieben hatte, aus dem Wasser zu ziehen.

„Du kommst doch nächsten Sommer wieder, Großvater?" fragte der Enkel. „Dann bauen wir den Ort neu auf, ja? Du kommst doch?" – „Jaja, sicher", erwiderte er. Für sich aber dachte er: wer weiß, vielleicht . . .

In seinem Alter begann man Zukünftiges schon in Frage zu stellen.

Das tote Land

Es wird nun leer und öde in den Straßen,
Erinn'rung spukt in ihnen wie Gespenster.
Auf Dächern wuchert wilder Rasen,
und in den Häusern gähnen Fenster.

Die Kissen riechen dumpf nach Schimmel,
sie blieben da wie and're Stücke.
Auf Speicher sieht herab der Himmel,
Spinnweben füllen jede Lücke.

Ein Vorhangfetzen greift im Wind
nach Bücherbänden, ganz zerfressen.
Am Boden liegt von einem Kind
ein kleiner Schuh – in Hast vergessen . . .

Der Gottsucher

Wuchtig häufte sich das Leid.
Gläubig war ich noch bereit,
es als Satans Tat zu sehen.
Doch bald quälten bange Fragen.
Ich begann Gott anzuklagen.
Widerstreit war im Entstehen.

Gott und Teufel, sann ich düster,
waren nur noch Blattgeflüster
eines Weinstocks, der verdorrte.

Trotzig, bös, ging ich zur Welt.
Sie diente ihrem Gott: dem Geld.
Gierig raffte ich mir Schätze,
stritt mich, fluchte, schlug den Bruder –
saß allein als Herr am Ruder
und erfuhr: das Geld war Götze!

Müd, zerbrochen, innen leer,
ohne Heimat kam ich her.
Eine Seelenbleibe wollt ich!

Wo ist der, der sich mir zeigt?
Keine Antwort, alles schweigt.
Droben zogen Sterne Kreise.
Wer gab euch Gesetz und Maß?
Grübelnd lag ich nachts im Gras,
dachte so auf meine Weise:

Wo ein Topf, da ist ein Töpfer,
wo Gesetze – wär kein Schöpfer
und kein Herr in diesem Reich?

Eine Kirche war mir Ort.
Jemand las das Gotteswort:
„Laß vom Bösen, tue Gutes!
Breche auf, entfalte dich,
doch kehr dich nicht wider mich!
Bist du nicht mir gleichen Blutes?"

Staunend ließ ich mich hier nieder.
Sieh – da war der Weinstock wieder,
war der alte, und doch grün.
Gleiches Blut in Stock und Rebe,
nimm mich, birg mich, daß ich lebe!
– Und der Vater nahm mich hin.

Waldandacht

Der Bildstock aus bemoostem Stein
steht schräg vor einer Felsenwand.
Die Heilige im off'nen Schrein
hebt milde segnend ihre Hand.

Ein Rinnsal quillt aus Felsenspalten,
das farnbewachs'ne Schalen dämmen.
Der Himmel wird hier hochgehalten
von säulengleichen Fichtenstämmen.

Der Sockel ist stets frisch geschmückt
mit Kerzen, Phlox und Irisblau.
Die Beter sitzen ganz entrückt
auf Bänken, altersschwach und grau.

Kein Orgelspiel. Es rauscht der Wind
zuweilen in den Zweigen.
Ein Alter hüstelt. Und ein Kind
spricht leis. Sonst Schweigen.

Gertrud Beitlich-Dörfler, am 21. 11. 1920 in Karlsbad-Meierhöfen geboren, verheiratet, eine Tochter, wuchs in Meierhöfen und Böhmisch-Kamnitz auf, besuchte die Bürgerschule in Altrohlau und Fischern. Anschließend folgte Volontärzeit in einer Zeitschriftenredaktion. Sie kam im Zuge der Vertreibung 1946 zunächst nach Wülfershausen in Unterfranken, später nach Alsfeld, Oberhessen.

Veröffentlichungen: Gedichte, Erzählungen, Reportagen.
Vertreibungsbericht für die Chronik der Stadt
Königshofen i. Gr.
Lebt heute in 2842 Lohne, Niedersachsen.

Ernst Braun

Schulzeit

Wer erinnert sich nicht manchmal gern an seine Schulzeit zurück, und das um so mehr, je älter man wird. Was damals als Kind oft lästig empfunden wurde, der tägliche Schulzwang, das erscheint im Rückblick gesehen als unbeschwerte Zeit. Tagtäglich zur gleichen Zeit kamen die Kinder aus den Wohnhäusern und fanden sich auf dem Weg zu lärmenden Scharen zusammen mit der Richtung zur Schule. Die Mädchen und Buben frisch gewaschen und gekämmt, oft noch unausgeschlafen mit dem Schulranzen auf dem Rücken. Auf dem Hinweg hatten sie es meistens eilig. Die gestärkten Schürzen der Mädchen rauschten, und ihre Zöpfe, kurze und lange, baumelten hinter den Ohren. Die Buben waren stets zum Wettlauf oder zu anderen Laufspielen bereit. Dabei klapperten auch die Griffelkästen um die Wette.

Wie in einem Bienenschwarm summte und wurlte es kurz vor acht Uhr um die Schule, bis das Klingelzeichen ertönte und es auf einmal still wurde. In der warmen Jahreszeit, wenn die Klassenzimmerfenster geöffnet waren, konnte jeder Vorübergehende deutlich hören, welches Unterrichtsfach im Klassenzimmer gegeben wurde. Ohne den heute so störenden Verkehrslärm vernahm man die prüfende Frage des Lehrers, die helle, sichere Antwort des Schülers, oder auch sein zögerndes Murmeln, wenn er sich seiner Sache nicht ganz sicher war. Manchmal fiel dem Lauscher draußen auch eine unwirkliche Mäuschenstille auf, wie es bei Prüfungsarbeiten der Fall war. Der lebendige Klang der Schule sprach während des Unterrichts aus jedem Zimmer des großen Gebäudes, zarte Kinderstimmen zu einem frohe Lied vereint, das monotone Gebet beim Religionsunterricht, der mahnende Ton des Lehrers oder der Lehrerin, Frage, Antwort und Belehrung.

Die jüngsten Schüler, die Erst- und Zweitklässer, saßen noch artig in den Schulbänken, in den langen, aus Fichten holz gezimmerten Sitz, Pult und Lehne umfassenden Klassenzimmermöbeln, die starr und sperrig waren. Hintereinander in Reihen aufgestellt, nahmen die klobigen Schulbänke den meisten Platz des Zimmers ein. Davor, auf dem erhöhtem Podium, thronte der Tisch des Lehrers, der Sitz eines manchmal recht strengen Regiments. Zumeist die älteren Schüler hinterließen an den Schulbänken gerne Zeichen ihrer Person. Sie schnitten mit dem Taschenmesser Buchstaben und Figuren in das Holz oder bemalten das Pult mit Tinte und Farbe. Der Mensch hat eben die Eigenschaft, überall wo er sich aufhält, seine Merkmale zu hinterlassen; das beginnt bereits beim Kind.

In den vorderen Reihen saßen gewöhnlich jene Schüler, die ein bißchen Nachhilfe brauchten, in der deutlichen Sprache der Schule wurde die erste Reihe auch Eselsbank genannt.

Da haben sie ausgehalten, ein Jahrgang um den anderen, voller Wissensdurst und mit Eifer auf die Stimme des Lehrers horchend, wenn er unterrichtend an der Tafel stand. Bei Wiederholungen raschelte auch oft vorzeitig das Butterbrotpapier, der eine und der andere Schüler konnte es nicht erwarten, bis die Pause begann. Im Sommer streckten die Buben die nackten Beine, manchmal mit bloßen Füßen, unter der Bank vor. Im Winter taute der Schnee von den derben Schuhen und hinterließ dunkle Flecken auf den Bodendielen. Kinderstreitigkeiten wurden in die Schule getragen und dort weiter ausgefochten: ein heimlicher Schlag mit dem Lineal oder ein Schuß aus der Papierschleuder, wenn der Lehrer gerade den Rücken zuwandte. Wildwestgeschichten gingen von Hand zu Hand. In einem gewissen Alter galt das Interesse zuerst Karl May und dann dem Unterricht.

In den alten Schulbänken wurde so manche kleine Verschwörung gegen einen Lehrer geschmiedet, manche Aufsässigkeit ausgebrütet. Die Schmöker dienten aber auch als Unterlage, wenn dem Frechling der Hosenboden straff gezogen wurde und eine starke Hand den Rohrstock schwang. Vor dem gestrengen Schulinspektor hätten sich die Mädchen und Buben oft am liebsten hinter der Schulbank verkrochen. Jedoch der Zeigefinger des Mächtigen wies mit unmißverständlicher Genauigkeit auf den Einzelnen, von dem er seine Prüfungsfrage beantwortet haben wollte.

Die Zwölf- bis Vierzehnjährigen, soweit sie keine weiterführende Schule besuchten, mußten sich mit zunehmender Körpergröße in die zu klein werdenden Schulbänke zwängen. Schnelles Aufstehen konnte zum Problem werden. Die älteren Schüler waren auch die unumstrittenen Herren auf dem Pausenplatz. Sie führten sogar beim gemeinsamen Heimweg das Regiment und entschieden manche Streiterei oder den Anspruch auf die Herrschaft mit dem wuchtigen Schlag ihres Federkastens. Bei den tätlichen Auseinandersetzungen liefen die Mädchen meistens schreiend wie eine Schar Hühner davon. Der Sieger der Rauferei stieg beim weiblichen Geschlecht dennoch im Ansehen, denn erste partnerschaftliche Umschau haben die Menschen ja schon zu allen Zeiten in der Schule gehalten.

Mit der Erinnerung an die Schulzeit tauchen viele Gesichter auf. Wo sind sie alle geblieben, die Vorzugsschüler und jene anderen, die sich so schwer mit dem Prozentrechnen und mit der Rechtschreibung taten? Was damals nicht in den Kopf wollte, versteht manch einer heute um so besser, und der hochgelobte Klassenbeste versagte mitunter in der Praxis des Lebens. Viele hat man aus den Augen verloren, ein großer Teil blieb im Krieg, andere sind bereits gestorben, der Rest ist verstreut in alle Winde. Eines vereint sie aber bestimmt ab und zu in Gedanken; das ist die Erinnerung an die gemeinsame Schulzeit, als sie gemeinsam die alten Holzbänke drückten.

Sommer am Aschberg

Auf die Steinhalde
sengt die Sonne,
spiegelt im Glimmer-
schiefer.

Der Heidestrauch blüht,
zwischen Borstengras
gaukelt ein Schmetterling.

Leise raunt der Wald,
singt der Bergwind
über die magere Wiese.

Eine Luft wie Kristall,
die Heuschrecke rasselt,
sehnsüchtig trillern
Lerchen.

Friede weilt und Stille,
weit ist der Blick,
es spannt sich das Herz.

Trunkene Seele
findet Trost und Gnade,
Losung der Sommertage.

Stille Wege

Wenn du hinüberfährst
in das schweigende Land,
von dem ich verwiesen
mit leerem Gesicht und leerer Hand,
suche nach den Blumen,
die mich erfreut,
horche dem Rauschen des Waldes,
verweile am plätschernden Bach
und lausche
dem Atem der Berge.

Wenn du hinüberkommst
in das stumme Land,
von dem ich sprach,
grüß mir mein Dorf,
das schlummernde,
und geh die stillen Wege
meiner Jugend,
die überwucherten Pfade
eines Lebens,
das dort begann.

Böhmisches Erzgebirge

Vom Wind zerquälter Bergahorn,
Steinhalden grau und glimmerschiefrig,
finstere Schächte, tief gebohrt,
ein Gebet der Arbeit.

Urgrund aller Dinge,
Glaube und Demut,
als Stundenbuch des Lebens
in Gott versenkt.

Flinke Menschen, fleißige Hand,
schmale Ernte, hungriger Mund.
Beinharter Winter,
schneeiges Schweigen.

Es quillt die Schöpfung
in ruhelosem Geist,
läßt Webstühle surren
und Schlote rauchen.

Menschensintflut – jüngster Tag?
Christus ist erstarrt am Kreuz.
Am Himmel loht der Feuersturm,
heulender Wolf auf der Jagd.

Aus dem Land geworfen,
vom Schicksal gefiltert.
Unrecht ist Feuer,
der Rauch kriecht seelenwärts
mit Schmerz und Trauer.

Geburtstag

Ein bißchen Stille
und Besinnung,
mit den Gedanken
bei den Jahren.
Wo sind sie hin?

Wehmut vielleicht
und ein paar Rosen.
Bloß kein lauter Trubel,
es häuft sich die Zeit,
was soll da ein Jubel.

Ein Gläschen kühler Wein
und frohe Augen um mich,
den Klang einer Lieblingsmelodie,
dazu Gesundsein –
mehr brauch ich nicht.

Wohl zittert im Seelengrund
die Frage bang:
was kommt noch, wie lang?
Die Antwort kennt nur Gott allein,
der aber schweigt und hüllt sich ein.

Besinnung

Nun wird es langsam stille,
die Jahre ziehen dahin.
O, könnt ich, es wär mein Wille,
noch so bleiben wie ich bin.

Ich gedenk der frohen Stunden,
wo ich ganz unbeschwert
in heiterer Freundesrunde
gar manches Glas geleert.

Geläutert und verträumt
spür ich Vergangenem nach.
Hab manches auch versäumt,
wer fragt jetzt noch danach?

Drum liebe Freunde genießt hienieden
des Tages Gunst, der Liebe Seligkeit,
bewahrt in euch den Seelenfrieden,
dann wird euch nichts im Leben leid.

Alte Frau

Mit gebeugtem Rücken
im Gebüsch
pflückte die Alte
Hagebutten; Kamille
lag schon im Korb –
rot gestreift und sonnengelb.
Das gibt im Winter,
sagte sie,
Marmelade und Tee,
gesund aus Himmel und Erde,
wie daheim schon.
Daheim, fragte ich
was sie wohl meine?
Ja, daheim an der Grenze
in den böhmischen Bergen,
da war Ordnung
und Lebensglück,
alles natürlich und echt.
Ist aber schon lange her,
entgegenete ich.
Junger Mann, sagte sie,
die Greisin mit dem feurigen Auge,
nicht zu lange, um zu vergessen.
Die Toten sind dort geblieben
und die Engel in der Kirche.
Sie warten, können nicht weg,
warten bis zur Ewigkeit.
Längst nicht lange her,
wenn wir die Toten nicht verlassen.

Alter Mann

Als Kind mit Pfitsche-Pfeil
und Fasseldauben zum Skilauf,
Heuernte nach dem Schulgang
und Heidelbeerpflücken,
voller romantischer Gefühle
mit Waldläufergedanken.

Später Fahnenschwenken,
Marschtritt und fröhlich Lied.
Uniformzeit,
zunächst Braunhemd,
dann im feldgrauen Rock,
anschließend Scherbenhaufen
überall!

Rechtlos geworden,
der Hunger stand vor der Tür.
Fortgejagt – abgeschoben,
die Grenze ist westwärts.
Empfand er Schmerz?
Erleichterung?
Etwas zerbrach da drinnen!

Heute ein alter Herr
mit grauen Haar
und Stock.
Mit ihm leben Erinnerungen,
sonst nichts!
Manchmal in der Stadt

riecht er Fichtenwälder
im Smog.

Der alte Mann
erzählt gern von gestern,
nennt Namen
von Städten, Dörfern.
Du suchst sie vergeblich
auf der Landkarte,
es gibt sie nicht mehr!

Ernst Braun, geboren am 26. April 1921 in Schwaderbach, Kreis Graslitz. Der Volks- und Bürgerschule folgte eine Lehre als Musikinstrumentenbauer. Er entdeckte frühzeitig seine Freude am Schreiben von Geschichten. Alle handgeschriebenen Manuskripte gingen verloren. 1940 Soldat, Rußlandfeldzug, mehrfach verwundet und ausgezeichnet, Offiziersschule endete 1945 bis 1950 in russischer Gefangenschaft. Neue Heimat wurde Aschaffenburg. Aus der Ehe mit Ilse Fischbach, ebenfalls aus Schwaderbach, gingen zwei Söhne hervor. Es kamen: Umschulung zum Programmierer für Stickautomaten, Mitarbeiter der Graslitzer Nachrichten. Von Ernst Braun sind drei Sammlungen mit Erzählungen erschienen sowie der Heimatband „Schwaderbach, Heimat an der böhmisch-sächsischen Grenze". Ferner schreibt er seit vielen Jahren Beiträge für Zeitungen, Kalender und Zeitschriften. Mehrere größere Arbeiten sind im Manuskript abgeschlossen. Wohnhaft: 875 Aschaffenburg, Waldbrunnenweg 35.

Gerald Deistler

Warum fürchtet sich der Teufel vor dem Dudelsackpfeifer?

(Vawaa fürcht se da Teifl van Duudlsookpfeifer)

S is scho(n a schäi(n)s påår Gåua her, dåu håut amåål da Luzifer mit sein Teifln an Asfluug gmåcht. Mitfåhrn hoo(b)m kinna nå döi Teifl, döi woos in da Höll gout gårwat hoo(b)m. Da Luzifer håut dean Betriebsasfluug dirigiert, borgt se an gråußn Autobus aas uu kutschiert mi(t)n Teifln kreiz uu quer in da Welt imma.

Wöi's-as Gschick w(ü)ll, kumma si ba dera Immafåhrarei a ins Eghalånd. In-ran Dorf hoo(b)m se möin oa(n)håltn, waal am Ånger sua-ra Gschopp wår, da si mi(t)n Bus nimmer weiterkumma san. Sakra Teifl, floucht da Luzifer, woos iis-n dåu låus, uu schaut van Fenster assi. Dåu sia(h)t a grood, wöi a Bou mit sein rechtn Årm an gunga Teifl aagluppt håut uu wulchatn, dara von Wäihding bäigt. Döi raffm doch! Schaut nå amåål hi(n, sågt a aafgregt za sein Teifln. Gschwind hoo(b)m si d Höit uu Kåppm aafgsetzt, da-nan d' Hörner neat zan seah wårn, uu scho(n san sie assitentiert, wöi die Oa(n)brenntn, da si jå niks vasea(h)n. Da Luzifer håut se aa tummlt, da-ra in dean Trempl ei(n)kinnt. A påår åltn Weiwan gitt a-ran Hirza, schuppat a Böiwl, da-s hi(n)kuuglt, da-ra in die äiascht Reih fürikinnt uu döi Raffarei as da Gnäicht sea(h koa(n. Sakrawunna! Dåu stäiht dear Bou in-ran Golla uu Lederhuasan mittn am Plåtz. An kloin Teifl knäitscht a sua grua(b in Bruust mi(t)n Årm ei(n, da dear årma Teifl låmatiert wöi a Ziegh iiwan Freckn. A påår Teifl in Gschöi drinna kinna döi Marterei nimmer mit oa(n)schaua, si mechtn füri, dean årma Kerl helfm! Oowa d Leit stenga kåtzabrååd dåu åls häit a jeedara sölwa dean Plåtz gmöit, oan-ra Durchkumma is neat zan denkn. Sua möin si weiter zouschaua uu oo(b)wårtn, woos nuu gschia(h)t. Öitza mecht doch dear Bou scho(n wieder an Knäitscha mit sein Årm, da-s-an kloin Teifl am Kuapf beitlt. Ma häiat nu a påår Bäicha, uu gleich draaf hängt na da Nischl wöi gfreckt oia.

Mausdreckltåut is-a, håut oa(n Teifl zaa-ran ånnan gfischpert. In dean Ambliig fånga d Leit wöi täiarat zan påtschn oa(n, sua gout håut nan dees gfålln. Gella, schäi(n wår's, sågt da Bauer za seiner Åltn, döi grood daherkåpft kinnt, wåu da Luzifer gståndn is uu zougschaut håut. Sua woos hoo(b) i nu neat dalebt, da-ra Bou iiwa-ran Teifl herwia(r)d, båbert da Luzifer in seiner Aafreeching. A påår Bauern hoo(b)m dees ghaiat uu åina sågt draaf: „Jå mir Eghalanda fürchtn koin Teifl uu sua-ran Duudlsookpfeifer scho(n glei gåua neat. In jeedan Dorf ba uns gitts-a-ra sood. Bleibts bis Morgn dåu! In Dorf hoo(b)ma Kirwa, mei(n Löiwa, dåu kinnts woos dalee(b)m!"

Manna, denkt si da Luzifer, wenn döi Eghalanda uns dakenna, koas påssieren, da si uns åålzåmm imbringa, uu håut dean dadroissltn Kolleegn vorn Auchan. – „Gschwind in Bus ein!!!" schreit da Luzifer, daß åála Leit dahoost san uu fängt zan Laffm oa(n. Die ånnan Teifl goochiern wöi a Haffm Forchtnscheißer zan Bus hi(n. Ålla hoowalat zowlt der bäichata Haffm vorn Bustürla, jeedra mecht glei drinna sa(n. In dean Råmmasuri schuppert åina an ånnan. A påår Teifln brechn dabaa d Hörner oo(b. Da Luzifer kluppt si nu an Pfaafouß in Bustür ei(n, da-ra aafspreißlt. Van Wäihding schreit a wöi a Zoa(n)-brecher, da-mas häiserweit häiat. Ååln kwåckerts nu in Bauch, dåu san si scho(n längst assn Eghaland draßn. Da

Luzifer fährt mit Vollgaas schnåuagrood ins spea(r)ånglweit offm Hölltåua. Endli san ma sicher, groant a uu wischt se an Schwåaß van Hörnern.

Seit deara Zeit hoo(b)m Teifl an Spundas van Eghalandan uu nuu v(ü)ll mäi(h)ara van Duudlsookpfeifern, dåu måchns an gråußn Buagn immi, wenn si åin seah.

Der Kreuzschnabel

(Da Krinitz)

Siida san scho(n v(ü)l Gåua vagånga, ma(n Schwester wår damååls nu a kloins Måidl, dåu is sie schwaa(r kroank wor(d)n. Kaasweiß liegt's in Kinnerbettla, hescht[1)] wöi a löia Blåusboolg, da ma ååI Ambliig denkt, öitza mecht sie-s aas. Ma(n Våtta uu Mutta hoo(b)m va Toogh za Toogh d Stirn mäi(h)ara grunzlt, waals neat besser gwor(d)n iis. Jeedan Toogh kinnt aa da Großvåtta nåuschaua, wöi's sein Enkela gäiht. Oanran Vormittoogh kinnt a wieder åmååI uu bringt in-ran Vuaglhäisla an Krinitz mit, stöllt dees Vuaglhäisl am Tisch uu sågt za meiner Mutta: „Måidl, häng an Krinitz iiwas Kinnabetl!"

„Jå gäi(n nå, Seff", sågt draaf ma(n Våtta," woos w(ü)llstn mit dean Vuagl ba-ran krånkn Kiind? Nimm an schäi(n wieder mit, – der Åwaglaa(b)m!"

Da Großvåtta louglt üwa die pichatn[2)] Br(ü)llnglaasla, knampt[3)] mit sein schnäiweißn Kuapf uu moint: „Häiast, woißt eppa neat, da-ra Krinitz Krånkatn wegzöi(h)t? Låu nan nå dåu in da Stu(b)m, Schoodn bringt a gwiiß koin. Du wirs'scho(n seah!"

As Vuaglhäisl iis aafghängt wor(d)n. Da Krinitz hupft lusti in sein Häisla imma uu da Großvåtta håut nan schäi(n gråuß Kousl[4] bråcht, da dees Viagherl koin Hunger leidt. Sua zwäi(n, drei Tågh san vagånga, dåu wird da Krinitz rouhri, kripft[5] am Stangla gånz trauri uu röihat koa(n Kör(n)l mäi(h)a oa(n.

An ånnan Toogh in da Fröi(h liegt a tåud in Vuaglhäisla drinna. Ma(n Schwester is nu oan sölwinga Toogh asn Bettla aafgståndn, håut wieder glåcht uu a schäina Fåar(b im Gsichtla kröigt. Da Großvåtta iis am Vormitoogh kumma, kaam da-ra „Grüßgott" assabringt, nimmt as Vuaglhäisla mi(t)n gfrecktn Krinitz uu gäiht sein Steigh. Wåu a dean Krinitz hi(n)troogn håut, dees wåiß bis hei(n)t koa(n Mensch. Da Våtta uu d Mutta san oan dean Toogh wöi aaf Stråuholwan immagånga, kaam da sie a Wörtl mitanåner gredt hoo(b)m, dafür is oowa meiner Schwester da Schnåäwl wieder gånga uu sie is nåu a påar Tååghan pumperlgsuund immagloffm.

Ob sich der Krinitz für ma(n Schwester wirkli aafgopfert håut, dees wissat nå nu da Großvåtta. Der is oowa scho(n lang nimma aaf deara Welt.

[1] schwer atmen, schnaufen [2] klebrig [3] nicken [4] Fichtenzapfen [5] sich zusammenkauern

Abenddämmerung

Purpurrotes Licht
ertrinkt im Gewölk,
drüben im Wald
kriecht die Nacht.
Über die Fluren
huscht Dämmerschein,
zögert auf deinen Lippen
als purpurrotes Licht.

Am Silvesterfeuer

Rote Flammenzungen
belecken das Dunkel,
sprühen Funken.
In Menschenherzen
erglimmt
neue Hoffnung –
Zagen und Wagen
im neuen Jahr.

Vorboten des Winters

(Bååł(d kinnt da Winta)

Draßn iis sua meiserlst(ü)ll
Wolkn woustn[1] iiwan B(ü)hl.
Håuch am Himml d'Schnäigä(n)s zöign[2],
toun an Winta ingirgn[3] flöign.

[1] ungestüm vorgehen [2] Der Zug der Schneegänse nach Süden gilt als Vorbote des Winters [3] entgegen.

Bitte an die Sonne

(A Bitt oa(n d Sunn)

Wårma Sunn,
bittschäi(n kumm!
Tou wieda scheina,
Dacha ooleina[1],
låu Eisbruckn zlaffm
vaschwindn Schnäihaffm,
låu W(ü)ldanten zöiha
uu Schnäigleckla blöiha.

[1] abtauen

Der Baumtod

(Da Baamtåud)

In Huulu dåu gäiht da Baamtåud im
vagift mit Gaas ååls immadim
es ster(b)m d' Föichtn gråuß uu kloa(n
schauts enk amååI döi Beima oa(n.
Zan Himml reckns die dirrn Äst
san vor-an Monat gräi(n nuu gweest,
heit stenga d'Föichtn nåckat dåu
ståtts Tångl[1] siahst as Himmlblåu.
As gånze Huulz iis löi[2] uu kroa(n)k
dea(r mecht ååI Tångl rostiråut[3]
da Baamtåud glei a Zeichn håut.
Sua koa-ra d'Föichtn bessa seah,
huult aas Fawrikan[4] nais Gaas hea(r
wåu d'Leit dean Gstoank toun produzia(r)n
damit da Woold koa(n droa(n krepia(r)n.[5]

[1] Fichtennadeln [2] leidend [3] rostfarben [4] Fabriken [5] sterben

Öko-Logik

Fröiha –
håut da Bauer
d'Wiesn g'oodlt,
an Mist aaf d'Fölla gfåhrn.

Heint –
straat da Bauer
Kunstdünger,
öitza stinkts nimmer.

Sozio-Logik

-röiha –
;an d'Leit
ɔårfaß gånga,
vaals årm wår(d)n.

Heint –
sölln d'Leit
bårfaß gai(h)n, –
waals gsuund is.

Ökologisches

-Iinta-ran åltn,
nöichtnatn[1] Baamstuak
ougIt[2]
ı Eidechsl vüara.
-aua(r)t
ıaf-ra Muck, –
ı Scheißdreeckflöigl,
ıaf-ra påår Breama[3],
löi Bloutsaugha!
-Ioo(b)m mi gnåudlt[4],
;rood mi!
Ma(n Blout,
na(n åigns
ıoo(b)ms gnuutscht[5],
löi Brout, –
löi niksnutzata!
) Eidechsla oowa,
nåin i,
an årch löiwa Vöichala, –

s gitt båål(d
koina mai(h)a, –
aasster(b)m touns fei(n[6],
hoo(b)ms gsågt.
„S mecht niks!"
hoo(b)ms aa gsågt.
Åffa[7] nemma
a Stiitzerl[8]
voola
Insektenvertilgungsmittel - flüssig
mit ins Huulz
uu sprenga[9]
wåu ma se
hi(n)kripfm[10] mechtn.

[1] muffig riechend [2] verstohlen schauen [3] Bremse, Stechfliege [4] gestochen [5] gesaugt [6] „ja sicher" [7] nachher [8] kleine Gießkanne [9] gießen [10] sich zusammenkauern

Schwefeldioxid

(Da Schweeflgstoank)

Dea(r Schweeflgstoank
mecht d'Föichtn kroank,
gecht[1] 's Lee(b)m in 's Groo(b
's fååln Tångln[2] oo(b.
Dea(r Teiflgstoank[3]
mecht d'Leit aa kroank,
ba oold uu gung
zafrißt a d'Lung.
Dees Gaas vagift
ååls, wåu 's hi(n)trifft,
bringt gråuß Verder(b)m,
leßt ååls ooster(b)m.

[1] treiben [2] Fichtennadeln [3] Der Gestank des Teufels war im Mittelalter und auch später immer mit dem Gestank nach Schwefel verbunden.

Wachet auf!

Über allen Wipfeln schwebt SO_2,
den Boden vergiften Streusalz und Blei, –
Abgase atmen, beißenden Rauch,
heißt leben im Smog, im tödlichen Hauch.
Zuerst stirbt der Wald, dann vielleicht Du,
Mensch, wache auf, laß beides nicht zu!

Es taut
(Leinarasch iis)

Eiszåpfm leina[1)]
Schnäimana greina[2)]
lätschata[3)] Schnäi
Winta, åuwäih!

[1)] auftauen [2)] weinen [37] wässerig, breiig

Wahr ist's
(Wåua iis')

In deiner Gnäicht[1)] iis ållas schäi(n,
wöi oan-ran Fröilingstoogh –
du koast ma(n Herz sua gout vastäi(h)n,
ma(n Freid, ma(n bittra Kloogh.
Glei in da Fröih, wenn d Sunn aafwåcht,
dåu denk ich oa(n di droa(n
biis daß da Måu(n van Himml låcht
uu ich neat schlåufm koa(n.
Oft in da Nååcht, dåu traam ich schwaa,
siah di mi(t)n Ånnan gäihn,
i grein as Polsterl vooler Zaah
mou gråußer Ångst asstäi(h)n.
Vawaa[2)], fräigh ich mi äiaramååi,
bist du neat dåu ba mir?
Vabei wa(r åffa d Ångst uu d Quååi –
mit touts sua ånt[3)] nåu dir.

[1)] Nähe [2)] warum [3)] Sehnsucht haben

Gerald Deistler, geboren am 14. 7. 1937 in der Musikstadt Schönbach bei Eger als zweites Kind der Geigenbauerfamilie Emil und Franziska Deistler, geborene Fleischmann. Kindheit in Schönbach. 1943 Besuch der deutschen Volksschule in Schönbach. Ab September 1946 erfolgte der Schulunterricht in tschechischer Sprache in Schönbach, Eger und Prag.

Promotion in der Aula der Karlsuniversität. Von 1961 bis 1976 in verschiedenen Porzellanbetrieben in Karlsbad tätig, Pirkenhammer, Meierhöfen b. Karlsbad, Altrohlau. Im Dezember 1976 Aussiedlung in die Bundesrepublik Deutschland. Arbeitet zur Zeit bei einer Industrieofenbaufirma in Nürnberg. Veröffentlichungen von kulturhistorischen, volkskundlichen und mundartlichen Beiträgen im In- und Ausland.

Mitglied des AEK und des österreichischen Stelzhamerbundes. Erstes Mundartgedicht zur Thematik der Ökologie „Baumsterben" in der Egerländer Mundart, „Schweefelgstoank", „Da Baamtåud".

Walter Ehm

Wakov 67

Sommerflirr über Kornwoge,
unter Baumschatten
zerfällt die Friedhofsmauer.

Vierkantturm spitzgehelmt
steht gegen Wolkenweiß.
Stürme schindeln Firste ab.
Zwischen Kirchsparren rinnt die Zeit
in Gebein und Erinnerung.

Klage an Sturzgräbern:
An Zahl und Buchstabe
narbt Gras und Silberdistelflor.
Schicksale sinken
ins Vergessen hinab.

O Wakov!
Im Gebetshaus,
Schritt durch Staub
Bruchwerk und Barmen.
Im Triumphbogen
schwebt ein Balkenzeichen:
„Wach auf"!
Wer spricht hier den Sühnevers,
wer spricht im Wandel der Jahre? –

O Wakov!
Noch einmal bebt die Stunde
vom Zauber gewesener Tage.
Fabelanfang und Glaubens–Ringen
steigt hoch ins Blau
wie jubelndes Lerchenlied
weit über Böhmisches Land.

Nachtsplitter

O Wunder,
aufgeschloss'ner Raum
Erfahrungsort
Im Wachen, im Traum
Einfallsglücke
und trüger Schein
Zeit der Melancholie
Bilder wechseln – schweben
Schauer fallen ein
In forciertes Leben.

Segment
das du begreifst
aus bunt bewegtem
Spiegel.
Erinnerung ruf' an,
erschließe Quellen,
löse Siegel.

Nachtspuks
Sieg und Wahn
läßt nicht los. –
Halt' Ahnung fest,
sie zu deuten,
sie einzurichten,
ist Erkenntnis Qual,
Wort um Wort,
ohn' Rest –
was zählt, ist verdichten,
ist Selbstverständnis.

An Grenzen
ruh' loser Geist
wehren Schranken,
Einlaß Baum:
Nur im Gesetz
wird Fabel – Form! –

O' Abgrund
den du weißt,
hinter Rosazeen
weisem Glanz
grellt die Ebene
im Morgenlicht.
Einsicht
ferner Konturen
ist in allen Träumen nicht,
es irrt auf Wolkenspuren
der Prüfung Last
durch Tageszwang
– in Räumen die du nur hast.

Amor Fati

Wiege, Meer, Gestirn
in dir
und phrygischer Gesang
grünes Hügelland und
grauer Städte Zwang.
Windstoß in Wipfeln –
Mittagslicht zeichnet
Spuren der Götter
in Säule und Stein.

Nachts lärmen Dämonen
im Haus
Maskeraden rätselvoll
Dunkel tauscht Figuren aus.
Gestalt, Zufall
Geburt in dir und Ereignis
unten Woge und Brand.
Tiefer alles Gemeine,
in Asche und glühenden Sand.

Auf der Flucht wächst
Hader uns Zweifel –
verhüllt sich weißer Kindertraum
wie Blütenkleid am Nebelbaum.

Der Sonn' vertrau'
Flügelentfalter Ikarus
am Gipfelstein heb' ab! –
Flieg' aus in grenzenlos Blau. –

Du mußt dein Sein
umgreifen,
gelassen – Lust – und Qual,
schreiten im Gesetz
in Form und Zahl,
durch Bilder geh'n –
und – Raum.

Landschaft

Vogelzug
gespanntes Band,
Wolkenschneider.
Schrei im Flug
Jubel – Neider
neuer Trug
Blick himmelan
Ätherblau
Bilder weißer Plan
Auflösung – schau
tiefer – Blumengrund
Baumerfindung
Astvernetzung – und
Raumverbindung
Last–Versetzung – und
neuer Trug.

Blick himmelan
genug, genug -
Reigen runder Zug.

Frühlingstag

Umarmung Trunkenheit,
aus der du gehst
wie aus Träumen.
Es brechen Erden auf,
Keimling drängt ins Licht,
frühe Blüten stehn in feuchtem Grund.
Rings kühlt Waldumschließung.

Dein Herz will Kind sein.
Du fühlst der Jugend rasche Lust,
des Alters schwere Last.
Wege – Kind – Mann und Greis
sind in dir erfahren
und außer dir durchmessen.

Am Saum der Bäume,
eine alte Frau
kraftlos, zage
sägt sie ihren letzten Zweig.

Des Lebens Glück und Trauer
zählt nicht mehr,
nicht Zeit
in welken Händen aufgewogen.
Für Augenblicke Stille,
wie Schöpfungstage Rast
und Schweben. –
Bis deiner Schritte Gegenwart
zu neuen Zielen
drängt.

Garten Eden

Wenn Sternfiguren
bleiches Morgenlicht zurückruft
zieht auf Felsen hin
und Bronzefluren
grauer Atem – nebelweiß.

Bald stürmen Farbkonturen
himmelan.
Es reckt sich ein bewegend' Land,
hell leuchtet Blütenschnee.
An Girlanden reich beladen
hängt die Frucht im Laub.

Echsen laufen durch heißen Sand,
wilder Vogelzug eilt vorüber,
Libellen zeichnen blaue Kreise
und gelbe Falter fliegen aus.

O' endlos Sonnenbogen
über dieser Erde,
Schöpfung voll der Süße
goldner Reben.
Hier ankert Lebensliebe ganz
am Strand der Ozeane
O'California! –

Geschick

Wir tragen Schwere des Lebens,
Rücken gebeugt
und warten vergebens.
ER – der Lasten erzeugt
sieht auf die Pein
und läßt sie fallen
in anderes Sein.

Suche in allen
unsäglichen Sinn
Wunder im Herzen
höre dich sagen:
Ich bin
unter Schmerzen
am Ziel.
Laß Neues dich wagen
– gleichviel.

Gaben der Götter

Einmal neigen sich Götter
deinem Streben zu.
Nicht verlorener Stunden-Zauder
ergreift deiner Seele Grund,
wenn Elends-Schauder
niederzwingt in Schächte des Sein's.
Trage nicht vergeblich Male Kain's
töte die Zeit versäumter Fragen
nur aus Überdauern und Bestehen
fallen der Götter Gaben dir zu.

Böhmens Hügel

Von Böhmens Hügeln
wacher Träume Einlaß,
Sturmdränge lösen
Verschiebungen aus
Nachtschrei verweht
hinter Windschatten,
Fänge tauschbarer Bilder
queren Abgründe.

Von Böhmens Hügeln
Silberdrachen ziehen an
ferne Horizonte.

Wortschnur gespannt
zwischen
Wolkenaufturm und
Zerfließung.

Von Böhmens Hügeln,
Blitze sprengen, wie
Bruch am Nachmittag,
grauer Nebel fällt ein.
Sturzbäche graben
Spuren in Täler,
zurück schnellen Wipfel –
Donnerende
rollt aus. –

Von Böhmens Hügeln
reiner Durchblick,
Atembläue glänzt an Gipfeln,
Sonnenglut im Stein.
Letzte Schatten hängen über Wassern –
die Stunde fällt
in loses Dunkel.

Drei Dinge

Schau auf diese Stadt
wie in tausend Träume,
tausend Bücher.
Vergiß nicht das Kind,
ein glückliches Kind.
Ein kleiner Fluß,
Birkenblatt
weiß und grün.
An einem frühen Mai
zähle die Freunde,
zähle Häuser Stein um Stein:
Der Kinder Weise.

Schau auf diese Stadt
wie in tausend Träume,
tausend Herzen.
Denke diesen Mann,
in Einsamkeit, –
ein Mann
gewinnt ein Weib.
Rosenblatt Wort und Gold
eines späten Sommertages.
In der Stunde der Nacht
fallen Grenzen Sternen zu:
Der Liebenden Weise.

Schau auf diese Stadt
wie in tausend Träume,
tausend Gräber.
Vergesse nicht diesen Greis,
ein fallender Greis.
Steine am Rain,
gebrochen im Wintereis,
Bibelblatt –
lesen im Kerzenschein.
Weißes Wachs
Perlen in der Nacht:
Der Alten Weise.

Erster Gesang

Vor Zweifel und Wandlung
Knabenhand Weidenflöte schnitt
Fabelnest aus Rinde und Ast
gefahrloses Zauberspiel:
Kiesel Kastanie und Katze. –
Sperberschwänge ziehen über Waldwoge.

Vor Zweifel und Wandlung
Eiskruste barst,
Sand Quellen verwarf –
schwebt nahe bei Fisch und Falter
ruhelos wie Libellenflug
erster Gesang.

Walter Ehm, geboren 12. 9. 1927 in Luditz als viertes von sechs Kindern. Verheiratet, zwei Töchter. Eltern: Wilhelm Ehm, geb. 1893 in Rabenstein, gest. 1971 Adlkofen bei Landshut. Martha Ehm, geb. 1897 bei Riga, gest. 1981 Adlkofen bei Landshut.

Ausbildung: Volks- und Bürgerschule Luditz, Mittelschulabschluß Karlsbad-Fischern, Wasserbauschule Eger, Chemiewerk Gendorf/Obb., Hilfsarbeiter und Techn. Zeichner, Baupraktikant, Architekturstudium, Akademie für Angewandte Technik (Fachhochschule) München, Mitarbeiter im Architektenbüro Werz-Ottow München.

Eigenes Architekturbüro seit 1954 in Germering, private und öffentliche Aufträge, Wettbewerbserfolge, Preisrichtertätigkeit.

Interessen: Literatur, Literaturgeschichte, Autobiographien, Briefe, Lyrik, Musik-Kultur und Kunstgeschichte. Zahlreiche Kunst- und Studienreisen nach Österreich, CSSR, Polen, Ungarn, Jugoslawien, Italien, Frankreich, Spanien und USA. Architektur und Landschaftsskizzen. Artikel in Zeitschriften und Fachliteratur. Versuche eigener Lyrik und Prosa, veröffentlicht im Heimatbuch Luditz und im Selbstverlag (Wortskizzen und Bilder aus Böhmen) sowie in Heimatzeitungen.

Elli Frewen

Der Frühlingsblumenstrauß

Vor mir steht eine Schale, gefüllt mit vielen bunten Frühlingsblüten: Primeln, Anemonen, Narzissen, und dazwischen stecken Palmkätzchen und Zweige mit den langen Blüten des Haselnußstrauches. Wenn ich sie so anschaue, gleiten meine Gedanken wieder einmal weit weg und zurück, mitten hinein in den Frühling daheim: Vielerorts ist auf Bächlein und Rinnsalen das Eis gebrochen. Nur hie und da liegt noch eine kleine Haube Schnee und glitzert silbern in der linden, weichen Frühlingsluft. Doch wo das Plätschern frei, quicklebendig und ermunternd zu bemerken ist, steht auch schon das erste Grün. Bald werden Sumpfdotterblumen in großer Zahl das Ufer bekränzen und weiße Gänseblümchen wie auf einem Teppich lustig auf- und listig zugehen. Die gelben Glocken der Schlüsselblumen werden den Himmel aufschließen und die Sonne hervorlocken, damit sie das Blühen und Grünen noch vertiefen.

Meine Füße schlürfen auf dem unteren Schloßbergweg noch in vorjährigem, trockenem, braunem Laub der Erlen, Buchen und Elritzen, die im Sommer entlang dem Schienenstrang der Bahnlinie ein üppiges Gedeihen zeigen und den bekannten süßlichen Duft verschenken. Das erste Grün auch hier an dünnen Ästen.

Ich will hinauf auf den Schloßberg und dort oben dem Frühling begegnen. Etwas mühsam komme ich voran, weil ich älter geworden bin, weil die altvertrauten Wege nun doch nicht mehr so vertraut sind nach all den vielen Jahren der Abwesenheit, weil sich die Wurzeln auf ihnen noch stärker nach oben geschoben haben, da jetzt kaum noch Menschen auf ihnen gehen. Am Kinderbrünnlein modern mit Moos überzogene, hölzerne Überreste einer Bank. Den Ausblick auf unser Heimatstädtchen Luditz verwehren die wild weitergewachsenen Bäume und Sträucher. Langsam steige ich die Serpentinenwege hinan, am Jahnstein und dem Goethe- und Schillerhäuschen vorbei; ich versuche, die einzelnen Bäume wiederzuerkennen – ein ergebnisloses Unterfangen. Der Waldboden, braun und voll von abgeworfenen dürren Fichtennadeln, wirkt da eher vertraut. Ab und zu streichle ich tiefgrünes, weiches, jetzt noch kalt-nasses Moos. Dazwischen beige-dürre Halme des dünnen, langen, sonst schmiegsamen, frischgrünen Waldgrases.

Ich besinne mich der fröhlichen Waldspaziergänge mit Spielgefährten, Eltern, Lehrern; ich vermeine, das ungeduldige Reißen unseres Hundes an der Leine zu spüren, der irgendwo Getier wittert. Und ich gebe mich der tiefen Ruhe und Abgeschiedenheit hin; in meiner Seele ist Frieden. Einmal schlägt die Turmuhr, und aus der Ferne kräht ein Hahn. Nun habe ich auch die Höhe erreicht.

Nicht mehr kahl und öde wie früher, nein, dicht bewachsen mit Bäumen, Gesträuch und Gestrüpp liegt die Kuppel des Schloßberges vor mir. Von ganz oben grüßt das erneuerte hölzerne Kreuz. Neben mir hängen goldbraune „Würstchen" an Haselnußstauden und unten im Gras umschmeicheln mich die lavendelblauen und weißen Blüten der lieblichen kleinen Leberblümchen und Buschwindröschen, das tiefe, dunkle Blau der wohlriechenden Veilchen. Auch die goldgelben Sternblumenblüten habe ich Jahre hindurch vermissen müssen. Ich nehme von allem, das da blüht. . .

Lange sehe ich um mich, und dann wache ich auf wie aus einem tiefen Traum. Dabei wird mir jedoch froh bewußt, daß ich für kurze Zeit heimgekommen war, daß mich und die Heimat der gleiche laue Frühlingswind umweht, daß die Sonne, die hier und dort strahlt, ein- und dieselbe ist. Und da schleicht sich in mein wintermüdes Herz ein Glücksgefühl, wie, na, wie das halt so ist, wenn – ach ich weiß nicht, wie ich das beschreiben soll: der Schloßberg daheim, die Blumen, heimgekommen, ja, ganz glücklich, so eben, wenn man merkt, daß etwas nicht für ewig verloren ist, vielleicht nur für eine gewisse Zeit verborgen?

Und was das eigentlich Schöne dabei ist: man kann dieses wehmutsvolle Gefühl des Heimgekommenseins, der Geborgenheit, von dem kurzen Glück so oft man will und jederzeit in der Fremde zu sich hereinholen. Aber man kann dieses Gefühl des Heimgekommenseins nur haben, wenn man einmal fortgegangen war.

Ja, so ein Frühlingsblumenstrauß!

Die Milchkanne

In meinem Küchenschrank steht, in eine dunkle Ecke geschoben, eine alte Milchkanne mit Deckel, der etwas Rost angesetzt hat, blau emailliert, für einen und einen halben Liter geeicht. Am Boden hat ein Klempner bereits seinen Lötkolben angesetzt. Verwenden kann man die Kanne eigentlich nicht mehr, sie gehörte längst in den Abfalleimer. Aber um nichts in der Welt würde ich sie weggeben, denn sie stammt noch von daheim.

Wenn ich sie beim Aufräumen in die Finger bekomme, werde ich jedesmal veranlaßt, zurückzudenken, weit, weit zurück, denn die Milchkanne hat mich schon in meiner Kindheit auf manchen schönen und schlechten Wegen begleitet; damals war sie noch anschaubar, trotzdem sie bereits von meiner Großmutter übernommen worden war. Ich denke also zuallererst an meine Großmutter, eine stattliche, gütige Frau, die sich sehr liebevoll meiner annahm, mich zum Spiel begleitete und mir keinen Wunsch abschlagen konnte. Zu unseren Ausflügen trugen wir die Milchkanne, gefüllt mit gesüßtem Zichorie-Milchmalzkaffee mit oder auch auf's Feld. Heimzu wurde sie dann randvoll mit Beeren, die wir auf unseren Wegen reichlich fanden, stolz getragen. Dann denke ich daran, wie ich später darin mit Freundinnen den arbeitenden Schnittern zu Mittag Kartoffelsuppe brachte, wie ich mich auf einen Feldrain setzte und rundherum die Natur betrachtete und mich nicht sattsehen konnte an dem Stückchen Heimat; wie um mich die Falter schaukelten, die Grillen zirpten und die Sommerglut so schläfern machte; wie es nach Korn und Sonne duftete, wie ich mich zwischen rosa Heckenrosen und weißen Schirling hinlegte und zu den Schäfchenwolken blickte, die ins Reich der Träume lockten. Wenn im Sommer die Rufglokke der Schwarzbeerverkäufer ertönte mit der Aufforderung: „Frische Schwarzbeeren, frische Schwarzbeeren!", holten wir in unserer Milchkanne diese Beeren heim.

Große Bedeutung kam der unscheinbaren Kanne zu, als in der Zeit nach Kriegsende unsere angesehenen Männer aus politischen Gründen bei den Tschechen interniert waren. Mein Onkel war ebenfalls dabei, und so trug ich ihm täglich etwas zu essen zu. Vormittags habe ich einen Kuchen gebacken und um 14.30 Uhr ging ich auf die Bahngeleise, wo die „Gefangenen" arbeiten mußten. Ein kleines „Techtelmechtel" mit dem Wachtposten, diesem ein paar Zigaretten zugesteckt, und schon durfte ich meinem Onkel den Kuchen und den Bohnenkaffee im Milchkannerl bringen. Das war jedesmal eine Freude für ihn und die anderen, denn schnell tauschte ich wichtige Informationen aus, überbrachte die Tagesnachrichten aus dem Radio (leider auch die Falschparolen) und sprach den Verzweifelten Mut zu. Der Kuchen und der Kaffee machten dabei die Runde, bis mir der Wachtposten andeutete, daß ich verschwinden sollte.

Als wir am 9. 6. 1945 das Haus räumen mußten und unsere schmachvolle Vertreibung begann, da nahm ich wiederum das Milchkannerl mit Bohnenkaffee mit auf den bitteren Weg. Der Inhalt hielt bei der sommerlichen Hitze nicht lange vor, aber wir hatten während der verschiedenen Lageraufenthalte ein Gefäß, in dem eine kärgliche Wassersuppe und für die mitgeführten Kleinkinder der Haferbrei gekocht werden konnte. Und als wir später nur noch im Freien kampieren konnten, tat uns die Milchkanne ihren guten Dienst beim Wasserholen oder beim Abkochen auf offenem Feuer der von den Feldern eingeholten Futterrüben. Auch noch nachher in der ersten Notwohnung im westlichen Deutschland war sie unser vorerst einziges Kochgefäß, bis der „Wohlstand" so allmählich wieder zu uns kam. . .

Nein, ich kann mich von der alten, blauen Milchkanne nicht trennen. Ich putze sie immer wieder liebevoll ab und stelle sie zurück in die dunkle Ecke im Küchenschrank. Was mich außerdem noch freut: meine Tochter will sie haben und wird sie ebenfalls nicht wegwerfen. Denn auch sie weiß: die blaue Milchkanne ist ein Stück, ein allerletztes Stück aus unserer Heimat.

Die Maiandacht

Wöi ma kloina Moi(d)la oda Bou(b)m gwesn sen, san ma vom erschtn bis zum letzten Mai imma in d'Maiåndåcht gånga. Am Erschtn u Letztn u jedn Sunnta u Feiertogh gern – u die ånnern Toch wal ma håm möi(ß)n. Unnara Eltern håm nemlich gsågt: wenn ma göi(h)t wenns schöi(n is, mou(ß ma a göi(h)n, wenns niat sua schöi(n is.

Am erschtn Mai wårs ållawal am schänstn, wåus ua(n)-gfånga håt u mir vom letzten Gåu(h)a nimma sua richtigh gwißt håm, wöis eigentlich dåu schöi(n is.

Also, mir håm ålls Zeigh, a unnara Huasn, in weiß ua(n)-zuagn, vo de Föiß bis zum Kopp. Afn Kopp håm ma unnara Håua in Lockn a(n)draht kröigt, a döi, wos Zöpp ghåt håm. Natürlich die Bou(b)m niat! Dåudraf håt ma a klans her-zighs Blöimlkranzl gsetzt. Mit håm asgschaut wöi döi En-gerla af dian Büldln in da Ker(ch)n oda im Religionsböichl, wal nuch dazou unnara Augn sua gstråhlt håm u unnara Båckn glöiht. Dånn håm ma a weiß Kloidl ua(n)zuagn u a weiß Jackl oda håm vo da Mutta a Stola oda dreieickighs Töichl umghängt. Dånn nuch weißa Strümpf, weißa Schouch oda schwårza Lackschouch; a s'Gebetböichl wår mit-aran weißn Ümschlogh. Die Bou(b)m sen in dunklblau gånga. Mir wårn hålt årgh, årgh schöi(n!

Ümma hålba åchta håts glie(t)n u de Glockn vo da Luditzer Ker(ch)n håt ma weit ghöiat. Dåu san ma d'Kirchn-gassn affe u oine grennt, wåu ma hålt grod daham wårn, in d'Ker(ch)n eine. In da Sakristei håma uns gsåmmlt. D'Kin-nagartnfreiln håt nuch amål gschaut, ob ma ålla schöi(n zsåmmgricht wårn, u d'Lehrer wårn a dåu u håm uns grod in Zweiareihn afgstöllt. U dånn san ma in d'Ker(ch)n a-marschiert u håm uns vuan Marienåltår im Hålbkreis hi(n)gstöllt.

Afn Åltår is de haligha Jungfrau Maria gståndn u latta Löichtla ümmadüm u suavül Blouman u Kerzn, wöis no ge(b)n håt. Dåu håm Vergißmeinnicht, Stöifmütterla, weißa gfüllta Flieda u Schlüsslblöimla, Fleischkåckala, Akeleyen, råuta Herzla, Ochsnaugn u Veighala blöiht, daß no sua a Freid wår. D'Orgl håut sua schöi(n gspült, dåu håst denkt, ålla himmlischn Heerscharn sen zsåmgloffn u huln döi Töne as dian Pfeiffn asse. Ålla håms feierlich gsunga, owa bsonders mir Kinna – latta haligha Liedla zu da Muttagottes.

Dånn håt da Pfarra d'Litanei bet't u Weihrauch u Weihwåssa versprengt, sua daß uns ah amål a weng schlecht wur(d)n is, u vo da Kanzl håt er af d'Leit oine gredt, wos no dös Zeigh zouglåssn håt. Dåu wår uns owa dös Stöi(h scho dawal zvül gwur(d)n u åffadanåuch wårn ma fråuch, wenn ma hamgöih(n håm derfn. – Sua isses ja an gånzn Mai zougonga, bloß daß mir Moi(d)la am Wochntogh niat sua schöi(n weiß u de Bou(b)m dunklblau ua(n)zuagn wårn.

Jå, Leit, mir håms nuch gwißt, wöi ma die Muttagottes, wal's dem Jesuskind saa Mutta gwur(d)n is, gfeiert håt, oda a derweghn, wals hålt sua löi(b oinegschaut håt af döi Natur, dawal's afblöiht u gröi(n u bunt wur(d)n is naoch dian kåltn, graua Winta. I wöiß niat, ob des hei(n)t aa nuch sua feierlich bis ins Herz eine sa(n wiad, wenn ich ma(n Enkala für d'erschta Maiåndåcht zsåmmrichtn tou.

Zeit haben

Hast du Zeit
für die schönen
Dinge des Lebens –
oder wartest du
vergebens darauf?

Ich habe Zeit –
auch die tägliche
Arbeit kann schöner
sich gestalten,
allen Gewalten
zum Trotz
Erfüllung sein.

Schöner wohl
ist es allein
der Natur zu lauschen,
der Blumen Blühen,
des Waldes Rauschen,
des Bächleins Fließen,
des Grases Sprießen
zu genießen.
Des Käfers Flügel
sich spannen zu sehen
und all dem Entfalten
nahe zu stehen,
dem Kommen und Gehen . . .

Kannst du verstehen,
daß Zeit haben
ein Wunder birgt?
Weil Zeit haben
dir die kleinen Dinge
im Herzen näher bringt,
daraus dann die große
Ruhe entspringt.

Lichtblick

So wie der Sonnenblume Blütenkranz
ein dunkles, sattes Braun umsäumt,
erlebt' ich heute deiner Augen Glanz,
so tief, wie ich's noch nie erträumt.
Wie durch der Sonne hellen, warmen Strahl
die schlafende Natur erwacht,
hat deiner Augen heller Blick zumal
in meinem Herzen Licht entfacht.

Sommermorgen

Leise säuselt Sommerwind
in einer Birke fein Geäst,
bringt mir Lust und Heiterkeit,
daß ich jauchzen möcht.

Vögel zwitschern, jubilieren,
steigen hoch in Himmelsblau,
und im Tale, auf den Wiesen,
liegt ein zarter Morgentau.

Blüten öffnen ihre Kelche,
Falter fliegen froh herbei,
Bienen summen auf und nieder,
wünschen, daß recht froh ich sei.

Und da eile ich hinaus,
hasche freudig dieses Glück.
Ist der Sommer längst vergangen,
denk noch immer ich zurück.

. . . daß es sich lohnt

Ein Tag ist wieder fortgegangen,
ein Tag des Hoffens und des Bauens.
Viele Wünsche haben drangehangen,
ich werde weiterhin vertrauen.

Ich werde weiterhin erflehen,
daß es sich lohnt, noch da zu sein.
Gott wird mir seinen Segen geben
und so will ich mich in ihm erfreu'n.

Eleonora (Elli) Frewen, am 22. 5. 1923 im elterlichen Haus Kirchengasse 103 in Luditz geboren, besuchte dort die 5-klassige Volksschule und maturierte 1942 am Gymnasium in Komotau. Dann Medizinstudium an der Deutschen Karlsuniversität in Prag, dazwischen Sozialarbeit auf dem Gebiet der Jugendhilfe in der NSV in Luditz, verschiedene Praktica in den Krankenhäusern Podersam und Karlsbad und beim Gesundheitsamt Luditz. Von dort Einzug zum totalen Kriegsdienst als Sanitätshelferin im Lazarett (Ausbildung mit Prüfung). Während der Lazarettverlegung Ende Mai 1945 durch die Russen nach Sibirien konnte sie mit dem Laz.-Leiter fliehen und nach Luditz zurückkehren, um am 9. 6. 1945 mit den ersten Luditzern mittellos vertrieben zu werden. Über die Lager Duppau, Weipert und Plauen ging der beschwerliche Weg nach Bamberg und später nach Bayreuth, wo sie 30 Jahre im „Ärztlichen

Dienst" bei der Landesversicherung Oberfranken und Mittelfranken eine gute Beschäftigung hatte. Seit dem Frühjahr 1979 wegen Krankheit Frührente.

Bereits in früher Jugend wurde sie von der Fotokunst und -technik fasziniert, erste Eindrücke und Arbeiten bei Fotograf Brumeisl in Luditz; 1937 stieß sie zu Dr. Wilhelm Pleyer, mit dem sie bis zu seinem Tode eine herzliche Freundschaft verband; 1941 schrieb sie, von ihm ermuntert, ihre ersten Gedichte und gab für die Mitabsolventen des Komotauer Gymnasiums von 1941 bis 1945 eine „Feldpostzeitung" heraus. Gewinn eines Preises bei der Illustrierten „Die Bunte". Heute beschäftigt sie sich mehr mit dem Schrifttum, schreibt wieder Gedichte und Kurzgeschichten mit Gedanken an die geliebte egerländer Heimat und freut sich über etliche Veröffentlichungen in verschiedenen Heimatzeitungen (z.B. Luditz, Eger, Komotau und „Der Egerländer").

Sie ist Schriftführerin bei der Kreisbetreuung Luditz, Mitglied beim „Arbeitskreis Egerländer Kulturschaffende e.V.", der Egerländer Gmoi und dem Kulturkreis Luditz.

Vor fünf Jahren hat sie in Bayreuth einen vielbeachteten Geselligkeitsverein e.V. für Alleinstehende und Einsame gegründet, dessen Erster Vorstand sie ist, mit der Aufgabe, soziale Arbeit und solide freudvolle Freizeitgestaltung zu üben. Auch arbeitet sie beim Vorstand einer Selbsthilfegruppe für Diabetiker mit.

Gertrud Fussenegger

Der große Obelisk

oder der Versuch einer Gefeierten, sich zu bedanken

... Bei einer solchen Gelegenheit ist es angemessen und wohl auch üblich, daß ein Autor nicht nur aus seinen Werken vorliest wie sonst, sondern daß er darüber hinausgeht und etwas wie ein Resümee vorlegt, ein Bekenntnis menschlicher, ästhetischer oder ideologischer Art, eine summa gewissermaßen aus den vielen Summanden seiner Erfahrungen und Gedanken.

Nun, meine Generation hat nicht sehr viel Glück gehabt mit ihren Bekenntnissen und Thesen, weder mit denen vor, noch mit denen nach dem Krieg, sie hat, wenn man ihren Kritikern glauben will, ganz offenkundig immer die falschen Posten zusammengezählt und aus ihnen Bilanzen gezogen. Man wird meiner Generation später vielleicht, wenn sich die Urteile gemildert haben, eine gewisse pragmatische Tüchtigkeit zugestehen. Aber man weiß, daß sich die Weltgeschichte immer schon lieber an gebrechlichen Ideologien emporgerankt hat, als daß sie sich auf die Dauer in den breiten Ackerfurchen erprobter Lebensformen beschieden hätte. – Also: Keine Summe und kein Resümee! lieber eine Frage (In-Frage-stellen ist ja immer noch einigermaßen gefragt) ... Eine Frage aus meinem Beruf, aus meinem Handwerk, und sie lautet ganz schlicht und einfach: „Was ist das Poetische?" Denn –, nicht wahr? – darin stimmen wir doch alle überein: wenn schon Literatur, wenn schon Roman, Erzählung, Drama, Gedicht oder auch nur „Text", dann auch nicht nur Reportage und Banalität, dann auch schon Poesie ... oder doch wenigstens Versuch zur Poesie, wie sehr sich auch ihre Gestalt und ihre Methodik verändert haben mag. – Und darum auch die Frage: Was ist das nun, das Poetische?

Vor allem einmal: Es ist nichts Abgezogenes, Definiertes, Reserviertes, das sich in einer runden Begriffsbestimmung einschließen und abkapseln, nichts, das sich ein für allemal an einem klassischen Modell ablesen ließe. Ich glaube, es ist vielmehr etwas wie eine sinnliche Qualität, die darauf angewiesen ist, sich individuell in sinnlichem Erlebnis zu ereignen, eine Art Geschmack, der ja auch nur zustandekommt, wenn etwas da ist, was geschmeckt werden kann, aber auch einer, der schmeckt, der eine Empfindungsfähigkeit mitbringt für süß, sauer, bitter und herb. – So, möchte ich meinen, ist es auch mit dem Poetischen. Es steckt einesteils im Stoff, in der Fabel, in der Sprache, kurzum im Werk, andernteils wird es erst frei, wenn es vom Leser, Hörer, Zuschauer empfunden, wenn es er-schmeckt, wenn es er-lebt werden kann.

In diesem Umstand wurzelt natürlich der Jammer jeder Ästhetik, die sich ja immer mit allen ihren Argumenten nur auf gleitenden Skalen bewegen kann. Unter allen Begriffen, mit denen sie operiert, kann jeweils immer alles verstanden, aus ihren Beweisführungen alles herausgelesen werden.

So scheint es mir unerläßlich, daß, wenn ich hier über das Poetische reden will, ich einen ganz realen Fall herausgreife, um mich verständlich zu machen.

Da ich erst vor wenigen Tagen aus Rom zurückgekehrt bin, wo ich mich vier Wochen – (sehr schöne vier Wochen) – aufgehalten habe, so darf ich vielleicht nach dem Grundsatz: „Wess' das Herz voll ist, dess' fließt der Mund über" eine römische Anekdote zitieren und als Beispiel benutzen.

In dieser Anekdote steckt nämlich Poesie oder das, was

ich unter einem poetischen Motiv verstehe, trotzdem ist sie nicht zu reiner Poesie gediehen, wieso und inwiefern . . ., das möchte ich Ihnen eben hier vortragen.

Sie wissen: Auf den schönsten Plätzen von Rom stehen ägyptische Obelisken. Sie wurden in der diktatorischen und imperalen Zeit des alten Rom aus dem Nilstromland herübergebracht und zur höheren Ehre ihres jeweiligen Räubers aufgerichtet. Als Rom verfiel und zugrunde ging, wurden diese Obelisken umgestürzt, der eine oder andere mag auch durch ein Erdbeben gefallen sein. Nur ein einziger dieser merkwürdigen gigantischen Steine blieb aufrecht stehen, er stand im Zirkus des Nero und soll, späterer Legende gemäß, auf Leiden und Tod zahlloser christlicher Märtyrer herabgeblickt haben.

Der Zirkus verschwand, Rom war längst christlich geworden, doch immer noch schaute man mit Neugier und Ehrfurcht nach der riesigen steinernen Nadel, an deren Spitze eine goldene Kugel steckte. In ihr, so munkelt man, sei Cäsars Asche verborgen. Nichts desto weniger erfrechten sich die Landsknechte beim sacco di Roma nach der goldenen Kugel zu schießen, sie wurde auch getroffen, aber nicht zu Fall gebracht, unbesieglich stand der Obelisk, ein zwar deutliches, doch auch wieder schwer deutbares Zeichen für königliche oder priesterliche oder königpriesterliche Macht, ein Symbol für den Sonnenstrahl, der die Erde trifft, ein Finger der Erde, der sich zum Himmel erhebt.

Und so konnte es nicht ausbleiben, daß einer der großen Päpste, die eben zu jener Zeit Rom aus- und umzugestalten beschäftigt waren und die sich ja gleichfalls als königliche Priester oder priesterliche Könige in nahezu pharaonischem Sinne begriffen, daß also einer von ihnen sein Augenmerk dem Obelisk zuwandte, diesem einen Obelisk, der alle Jahrhunderte der Zerstörung überstanden hatte und irgendwie als Sinnbild der Unzerstörbarkeit selbst galt. Schon war die Peterskirche erbaut, wenn auch nicht ganz vollendet, und vor der Peterskirche standen vier überlebensgroße Figuren der vier wichtigsten Kirchenväter und zwischen diesen kapitalen Zeugen christlichen Dogmas sollte jetzt das steinerne Wunder aus Ägypten aufgepflanzt werden. Der Mann, der diesen Entschluß faßte, war Sixtus V, Sohn eines Bauern aus Grottamare, mit 65 auf den Stuhl Petri gelangt. Er war beileibe nicht der erste, der den Obelisk aus dem untergegangenen Zirkus des Nero verrücken und vor die Basilika San Pietro transportieren lassen wollte, aber er war der erste, der es wagte, wirklich an den monolithischen Koloß zu rühren. Mit der Durchführung betraute er einen gewissen Domenichino Fontane, einen sehr geschickten Architekten und Techniker, der sich schon an vielen schwierigen Aufgaben bewährt hatte und dem Papst Sixtus jetzt jede erforderliche Hilfe, jede nur denkbare Erleichterung und alle Mittel von vornherein versprach.

Fontane stellte seine Berechnungen an. Danach stellte er seine Forderungen. Dann überwachte er die Herstellung der notwendigen Apparaturen. Der Obelisk wurde mit einem Gerüst aus starken Eisenstangen und Holzbalken umgeben. Zugleich wurde rings um ihn ein breiter Gürtel freien Raumes geschaffen, man brach Häuser ab, man demolierte sogar eine Kirche, um ihn niederlegen und fortschaffen zu können. Dann wurden riesige Winden aufgestellt, auf denen armdicke Seile aufgerollt waren. Am Morgen eines Apriltages 1585 begann man mit der Arbeit.

Alle zu dem Platz führenden Straßen waren mittels Schranken abgesperrt. Papst Sixtus, nicht umsonst von Freunden und Feinden wegen seiner Strenge gefürchtet und von vielen il terribile, der Schreckliche genannt, hatte die Todesstrafe verhängt für jeden, der die Schranken etwa durchbrechen wolle. Schwere Strafen waren auch denjenigen angedroht, die durch Sprechen oder Lärmen die notwendige Stille stören sollten. (Vermutlich kannte er seine Römer, die jeden auffallenden Vorgang mit einem ungeheuren rumore zu begleiten pflegten). Innerhalb des abgesperrten Raumes stand der Bargello, der Polizeihauptmann mit seinen Häschern, und war bereit, jeden, der die Befehle übertrat, sofort zu fassen.

Zunächst hob man die Kugel von der Spitze ab. Sie war von den Geschossen der Landsknechte durchlöchert, ihr Inneres war leer. Die Asche des Cäsar hatte sich also nicht in ihr befunden. Am 30. April, zwei Stunden vor Tagesanbruch, wurden zur Anrufung des Heiligen Geistes noch zwei Messen gelesen, wobei alle, die an der Arbeit beteiligt waren, die Kommunion empfingen. Noch vor Sonnenaufgang hatten die Arbeiter ihre Plätze eingenommen. Ein Trompeter gab das Zeichen zum Beginn. Die Schreiner, die den Auftrag hatten, unter den sich neigenden Obelisken Holzbalken zu spreizen, trugen eiserne Helme, um durch herabfallende Holzstücke nicht verletzt zu werden.

Hatte man für Kardinäle und Botschafter eine eigene Tribüne errichtet, so waren alle Fenster und Dächer in weitem Umkreis von unzähligen Zuschauern besetzt. In den angrenzenden Straßen war ein Gewoge von Menschen, so daß die Schweizergarde und leichte Reiterei gerufen werden mußten, um die Ordnung aufrecht zu erhalten.

Endlich, nach einem neuerlichen Trompetenstoß, setzten sich die 40 aufgestellten Riesenwinden in Bewegung. 75 Pferde und 907 Menschen bedienten die Maschinen, die den 25 m hohen und 500.000 Zentner schweren Monolith mittels eines erklügelten Systems von Flaschenzügen langsam, ganz langsam aus der Senkrechten kippen und in die

Waagrechte legen sollten.

Fürs erste wurde der Obelisk von seinem Jahrhunderte alten Standort zwei Spannen hoch in die Höhe gehoben und die vier Kugeln, auf denen er stand, durch Holzbalken ersetzt. Die Kugeln wurden – als erste Zeichen des Erfolges – dem Papst überbracht. Kanonenschüsse von der Engelsburg verkündigten der Stadt den geglückten Beginn. Die gesamte päpstliche Artillerie stimmte ein.

Acht Tage später war der Obelisk glücklich niedergelegt. Die Überführung nach dem Petersplatz nahm den ganzen Sommer in Anspruch.

Der Petersplatz hatte damals noch nicht die Ausdehnung, die ihm später durch Bernini und durch den Bau der Kolonaden gegeben worden war. Auch hier mußten Häuser und Kirchen abgebrochen und Platz geschaffen werden für das steinerne Ungeheuer und für die Winden und Maschinen. Bis jetzt hatte sich alles nach Wunsch und Berechnung abgespielt. Aber noch stand das Schwerste bevor: den Obelisk unbeschädigt, ohne Sprung, ohne Bruch auf die Fundamente zu hieven und aufzurichten.

Wieder ein feierlicher Beginn der Arbeit; wieder waren das Kollegium der Kardinäle, das Corps der Botschafter und tausend und abertausend Menschen versammelt; wieder waren die Befehle des Papstes verkündigt und eingeschärft worden: niemand dürfe die Schranken durchbrechen, niemand mit einem Wort die Stille stören. Wieder Messen, Gebete und dann ein Trompetensignal. An den vierzig Winden setzten sich abermals 900 Menschen und diesmal 140 Perde in Bewegung. Stunde um Stunde verging. In stummer Spannung hielten die Tausende aus und sahen zu, wie sich der Koloß langsam, ganz langsam, fast so unmerklich wie der Zeiger einer Uhr aus der Waagrechten hob. Schon war er weit aufgestiegen, schon trennten ihn nur noch wenige Winkelgrade von der Senkrechten, da – plötzlich – stockte die Arbeit. Einige Winden liefen leer, andere blockierten, das System der Flaschenzüge und Verspannungen versagte. Die Vorarbeiter blickten sich hilfesuchend nach dem Architekten um. Der Architekt stand ratlos. Auch der Papst war aufmerksam geworden, Kardinäle und Botschafter reckten die Hälse. Was war geschehen? So sorgfältig Fontane alles berechnet, wieder berechnet, geprüft und überlegt hatte, eins war ihm doch entgangen: das Riesengewicht des Obelisken hatte die Seile derart ausgedehnt, daß die mühsam erstellte Maschinerie nicht mehr funktionierte. Der Koloß stand auf der Kippe und war nicht mehr weiterzubewegen.

Sollte das ungeheure Unternehmen in der letzten Minute mißglückt sein?

Da plötzlich ist an den Schranken unten ein kurzes Schieben, Stoßen, Vorwärtsprellen: ein Mann hat sich an die Batterien durchgekämpft, hat sich darüber geschwungen und läuft vor, läuft in den freien abgeriegelten Raum und dabei schreit er, schreit etwas vorerst kaum Verständliches, er schreit es noch einmal, da wird es deutlich und es lautet: „Tut Wasser an die Seile! Tut Wasser an die Seile!"

Zwei, drei oder fünf Sekunden lang ist die ganze Szenerie bewegungslos. Fontane steht und starrt den Fremden an, die Arbeiter stehen und starren gleichfalls, der Chor der Botschafter und Kardinäle atemlos, vorgebeugt und lauschend, und selbst der Papst, der sich aus seiner Sedia erhoben hat, verharrt so, und sein altes, häßliches, runzliges Bauerngesicht, das eben erst bis in die Lippen erblaßt war, ist ganz aufgerissen vor Staunen, Überraschung und Nichtbegreifen, Nichtbegreifen, in dem sich doch von Sekundenbruchteil zu Sekundenbruchteil Begreifen anbahnt, vorformt, durchformt und dann hervorbricht in den beinahe röchelnd hervorgestoßenen Worten: „Ja, Wasser, tut Wasser an die Seile!"

Da hat sich das Bild rund um den auf der Kippe schwebenden Obelisk auch schon durchaus verändert, aus zukkender Ratlosigkeit zuvor, Unbeweglichkeit danach, bricht plötzlich Emsigkeit aus, ein Hasten und Rennen zu den Brunnen, ein Schöpfen und Schleppen, mit einem Male sind, weiß Gott woher, Eimer vorhanden, Krüge und Schläuche, und auf die armdicken Seile ergießt sich Schwall um Schwall.

Was danach geschah, können wir uns leicht vorstellen: die Seile zogen sich wieder zusammen, sie verkürzten sich auf die Länge, mit der der Architekt zuvor gerechnet und auf die er seine Winden und Züge eingestellt hatte. Das System funktionierte wieder, und bald stand der Obelisk aufrecht und fest auf seinem Postament.

Hier halte ich inne, um von der Erzählung zurückzukommen auf meine Frage: Was ist das Poetische? Was können wir poetisch nennen?

Ich meine, wir haben soeben ein Beispiel gehört, ein Beispiel wenigstens dafür, wie sich das Poetische aus einer Fabel ergeben, sich als Effekt einer Handlung einstellen kann.

Die Geschichte beginnt wie so viele historische Anekdoten im Raum historischer Kategorien: der Obelisk als Beute der Macht, als Zeichen der Macht, die Jahrhunderte überdauernd. Dann tritt eine neue Macht auf den Plan, die des Papstes, die den Obelisk neuen Zwecken zuführen will. Der päpstliche Befehl, die technische Vorbereitung, der Vorgang der Übertragung . . . das alles sind Berichte, die vielleicht ganz interessant klingen, die vielleicht unseren historischen Sinn ansprechen, die unter Umständen sogar malerisch romantische Szenerien vor unser inneres Auge zaubern. Poetisch sind sie nicht. Zwar: wenn wir von dem befohlenen Schweigen hören, von dem verbotenen Raum, da siedeln sich in uns möglicherweise schon unterschwellige Ahnungen an, daß der Vorgang nicht so ohne weiteres ablaufen wird. Doch es sind eben nur Ahnungen; schließlich tritt die Stockung ein. Sie setzt ein deutliches Moment der Spannung. Trotzdem! Poetisch ist sie nicht. Erst in dem Augenblick, wo aus der anonymen Menge, aus der gesichtslosen Masse plötzlich Einer, ein Einziger hervorspringt und unter Einsatz seines Lebens das rettende Wort ruft, hier erst erfolgt der Umschwung, der Sprung hinüber in eine andere Zone, in die Erweisung des Poetischen. Denn, nicht wahr?, in diesem Augenblick ist dieser Mensch, dieser eine – eben noch gar nicht sichtbar Gewesene, größer, wichtiger als der Architekt, der das Unternehmen leitet, als alle seine Helfer, größer als die Zuschauer auf der Kardinalstribühne, größer als der Papst und, ich möchte beinah sagen, großer sogar als der Obelisk, dieses stumme, mit geheimen Mächten geladene Symbolum. Vor dem nüchtern sachlichen Wissen dessen, der Bescheid weiß, vor seinem Mut, seiner Mannhaftigkeit verblaßt auch er für einen Augenblick und gibt den Blick frei auf den Menschen in dessen voller sachbezogener Vernünftigkeit.

Hier haben wir die zarte Überraschung, die sinnvolle Sinnesverkehrung, den erheiternden Effekt der antithetischen Position. Der Namenlose wird zum Retter, der Niemand zur Schlüsselfigur. Er bringt in das Schauspiel mechanischer Kräfte einen neuen Gesichtspunkt ein, er ändert die Physik des Vorgangs, und die Überraschung, die seine Figur auslöst, gehört zu den Überraschungen, die das Poetische mit sich führt.

Hier ist nun wirklich Poesie geleistet.

Aber die Geschichte ist noch nicht zuende, leider. Denn

der poetische Ansatz bleibt als solcher stehen und kommt im weiteren Verlauf nicht zum Tragen.

Noch während man auf die Weisung des Unbekannten mit größtem Eifer und in höchster Hast am Werk ist, Wasser herbeizuschaffen und die Seile zu begießen, kommt natürlich und ganz unvermeidlich der martialische Bargella herbei, um seines Amtes zu walten. Er nimmt den Mann in Haft, er führt ihn ab. Doch ehe er ihn noch in den Kerker bringen kann, schmettern schon die Trompeten, schießen die Kanonen, läuten die Glocken von Rom Sieg und Gelingen. Der Obelisk ist aufgestellt, aus Tausenden von Kehlen steigt ein Jubelgeschrei zum Himmel empor, und da kommt auch schon ein Bote gelaufen und keucht seinen Auftrag: Seine Heiligkeit der Papst habe befohlen, den Mann, der gerufen habe, vor seinen Thron zu bringen.

Das geschieht, und nun stellt sich heraus, daß der Mann Bresca heißt und ein Seemann ist aus San Remo bei Genua und deshalb Erfahrung hat mit Tauen und Seilen, die sich bei Regenwetter zusammenziehen, bei Trockenheit ausdehenen und der auf diese Weise erfuhr, woran es lag, daß sich Fontanes geistreiche Apparaturen im letzten Augenblick als unbrauchbar erwiesen.

Der Papst dachte nun freilich nicht mehr daran, den Mann zu bestrafen, im Gegenteil, er fragte sogar, welche Gunst er sich erbitte, welchen Lohn, und da sagte der Mann, er erbitte sich das Recht, am Palmsonntag den Römern die Palmblätter zu verkaufen, die sie dann zur Weihe trugen – ein bombensicheres Geschäft. Und wirklich: Bresca erhielt das Recht und es wurde dann auch auf seine Nachkommen übertragen und so wurde Bresca Palmblattverkäufer und ein reicher Mann, und auch seine Familie wurde reich und blieb es jahrhundertelang.

Sie merken, hier ist die Zone des eigentlich Poetischen

schon wieder verlassen. Hier schlägt die Anekdote aus der symbolischen Dimension zurück ins Banausisch-Erbauliche, hier pendelt sie aus dem Bereich zarter Überraschung in den der Banalität, wo sich vielleicht noch sprichwörtliche Wahrheiten zu bewähren haben wie: „Guter Rat ist goldeswert" oder „Eine Hand wäscht die andere".

Mit einer Art minderer Ersatzbefriedigung liest man dann noch am Ende, der Schiffer Bresca habe die Erlaubnis erhalten, die päpstliche Flagge zu führen . . . Nun gut, das war sicher das Äußerste, was von Seiten des Sixtus zu erwarten war, eine Geste der Hochherzigkeit, die bei seiner sonstigen Strenge und Unerbittlichkeit sympathisch berührt.

Damit ist die Anekdote zuende. Was können wir über sie sagen? Sie hat einen Ansatz zum Poetischen geleistet und hat ihn dann nicht durchgeführt. Hier erst müßte die Arbeit eines Dichters beginnen, der das poetische Fragment ausführt, der den poetischen Keim entfaltet. Hier müßte der Einfall erst erfolgen! – so wie er vielleicht einem Kleist, einem Brecht gelungen wäre, eine zugespitzte Szene zwischen dem Papst und dem Genuesen, ein Wortwechsel voll atemberaubender Wendungen . . . bei Kleist sicher ganz anders als bei Brecht, dort als geistreiche Vorform preußischer Selbstvernichtung, hier als marxistisches Lehrstück: Aufreizung zur Aufsässigkeit, dort Michael Kohlhaas, hier Herr Keuner. Und wollen wir uns vorstellen, daß etwa auch der jüngere Günter Grass das Thema behandelt hätte, so müßten wir uns darauf gefaßt machen, daß er eine pantagruelische Unanständigkeit eingeflochten haben würde, und sollte sich schließlich ein Dichter konkreter Poesie zu dem Thema verirrt haben, dann würde sich die Figur des Obelisken sicher als ein großes Rufzeichen oder als ein große I vortragen, ein I, das das Ei der Seile dehnt, bis es sich im U des Ungehorsams wie in einer Zwinge stabilisiert und schließlich die Mitte und den Nabel des gewaltigen O bezeichnet, das die K-O-lonnaden des Bernini bilden.

Scherz beiseite. Ich habe Sie lange genug mit einem Beispiel beschäftigt, das sich nur zur Hälfte tauglich erwiesen hat, den Begriff des Poetischen zu beschreiben. Nur in einer Andeutung konnte ich ihn sichtbar machen.

Was mich allerdings selbst an dem Beispiel anzog, ist, daß ich in ihm etwas wie eine Beschreibung unserer Zeit fand, ein vereinfachtes Bild dessen, was wir erleben.

Auch wir haben uns – sozusagen darauf eingelassen – das scheinbar Unverrückbare zu verrücken.

Wir haben uns darauf eingelassen, mit Mächten, Kräften und Massen der Natur zu manipulieren, die wir bis vor kurzem zwar gekannt, nicht aber zu unserer Verfügung gehalten haben.

Auch wir haben die Techniker damit betraut, diese Kräfte und Massen in unsere Welt hereinzuholen und sie an den für uns genehmen Platz zu unserer Benutzung heranzubringen.

Auch unsere Zeit hat dabei der Technik jede Hilfe gewährt und ihr jede Forderung von vorneherein bewilligt.

Es war zwar kein Verbot ausgesprochen, sich zu dem Vorgang zu äußern, aber das viel mächtigere Übereinkommen gleicher Gesinnung und gleicher Überzeugung verdammte jede warnende Stimme zum Verstummen.

Auch das von uns geleistete Werk ist erstaunlich.

Trotzdem trat, wie mir vorkommt, auch bei uns jener Augenblick ein, in dem sich die Apparaturen nicht mehr im richtigen Sinn bewegen, da die Arbeit stockt und die Erkenntnis um sich greift, daß alle Berechnungen, so großartig sie das Mechanische bewältigen, irgend eine wichtige Unbekannte nicht in Betracht gezogen haben. Man sagt:

so sei der Mensch . . . ich weiß es nicht, man müßte doch wohl erst darüber klar geworden sein, was in diesem besonderen Fall am und im Menschen gemeint sei.

Wie dem auch sei: der Obelisk steht oben auf der Kippe –, die Zuschauer auf der Ehrentribüne sind beunruhigt und stecken verstört beratschlagend die Köpfe zusammen. Sogar draußen hinter den Schranken hat sich das Gerücht schon verbreitet: Gefahr ist im Anzug. Wir warten. Wir warten auf Bresca.

Vermutlich muß ein jeder einzelne sein eigener Bresca werden.

Gertrud Fussenegger, Dr. phil., geboren am 8. Mai 1912 in Pilsen, Tochter eines österreichischen Offiziers und einer Sudetendeutschen; verbrachte erste Kindheits- und Jugendjahre in Galizien, Vorarlberg, Tirol, zumeist aber in Böhmen, im Haus der Großeltern in Pilsen; maturierte da 1930 am Real-Gymnasium, studierte Geschichte, Kunstgeschichte und Philosophie an den Universitäten München und Innsbruck; wurde 1934 zum Dr. phil. promoviert und veröffentlichte 1936 ihr erstes Buch, einen historischen Roman. Sie lebte mehrere Jahre in München, kehrte aber immer wieder bis gegen Kriegsende in das alte Familienhaus in Pilsen zurück. Nach 1945 lebte sie in Hall in Tirol, ab 1961 in Leonding bei Linz/Donau.

Gertrud Fussenegger ist mit dem akad. Bildhauer Prof. Alois Dorn verheiratet und wurde Mutter von fünf Kindern. Ihr Werk umfaßt mehr als 30 Titel, darunter 9 Romane, ein Donaubuch, eine historische Monographie über Marie Theresia, zahlreiche Erzählungen, ein Libretto, zwei Bände mit Essays u. s. f. Das PEN-Mitglied hat zahlreiche Preise und Ehrungen erhalten, sie wurde zum Prof. h. c. ernannt und mit dem selten verliehenen Ehrenzeichen für Wissenschaft und Kunst von der Republik Österreich ausgezeichnet.

Thilde Hoppe-Hoyer

Der Huckauf

Eine Frau aus Unterschönbach, die im Wald Beeren sammelte, erblickte auf dem Baumstumpf der alten Katzenfichte einen kohlschwarzen Teufel, der sie mit seinen feurigen Augen anblickte. Gerade wollte er der Frau auf den Rücken springen, da rannte sie davon, so schnell sie konnte, und kam völlig erschöpft nach Hause, wo sie wochenlang krank darniederlag.

Einmal kam ein Bauer aus Niederreuth zur Katzenfichte. Er dachte an sein krankes Rößlein, das er zum Schinder hatte führen müssen, und wurde erst aus seinen Gedanken aufgescheucht, als er auf dem Baumstumpf der Katzenfichte ein graues Männlein sah, das zu ihm herüber starrte. Der Bauer grüßte freundlich, obwohl er Angst hatte, aber das Männlein dankte gar nicht, sondern sprach:

„Wundere dich nur nicht, daß ich dir nicht danke. Wir kommen heute noch zusammen."

Da rannte der Bauer schreckensbleich heimwärts. Er legte sich zu Bett und erzählte seiner Frau von dem Erlebnis. Nachts schreckte er zweimal auf und stöhnte:

„Das graue Männlein. Da ist es. Auf meiner Brust sitzt es."

Sie sah aber nichts. Seit dieser Zeit machten alle im Wald einen weiten Umweg, um nicht an der Katzenfichte vorbeizukommen.

Nach Jahren hörte der Spuk endlich auf. Damals kam ein Niederreuther spät abends aus dem Wirtshaus von Asch heim und, da er nicht mehr ganz nüchtern war, tappte er durch den Wald, ohne auf den Weg zu achten. Auf einmal stand er vor dem Stock der Katzenfichte. Er fürchtete sich keineswegs, sondern schaute nach allen Seiten, um den rechten Weg zu sehen. Da stand ganz in der Nähe einer mit einem schweren Grenzstein auf dem Rücken und ächzte:

„Wo tu ich ihn hin, wo tu ich ihn hin?"

Schon schrie der mutige Niederreuliter:

„Gib ihn dorthin, wo du ihn hergenommen hast!"

Wie erstaunt war er aber, als der Geist erwiderte:

„Dank dir in alle Ewigkeit!"

Seit dieser Zeit ist es nun ruhig am Kreuzweg bei der Katzenfichte.

Die Tillntanzerln

In schönen Sommernächten huschen auf dem Tillen kleine Burschen und Mädchen durch die Büsche, um sich zu necken und zu fangen und sich im Reigen zu drehen. Diese Tillntanzerln erscheinen auch in den Dörfern als schmucke Burschen und Mädchen, die sich am Tanze beteiligen. Dabei fädeln sich auch Liebschaften mit Menschenkindern an.

So bestand einmal in einem Dorfe ein Verhältnis zwischen einem Bauernmädchen und einem Tillntanzerl. Der Bursche verriet aber dem Mädchen weder seinen Namen noch seine Herkunft. Als er einmal in der Nacht nach Hause ging, schlich sich das Mädchen dem Burschen nach und sah, daß er plötzlich klein wurde und in den Reigen der Tillntanzerln trat. Das Mädchen schrie auf und die kleine Schar stob auseinander. Den Burschen aber sah das Mädchen nimmermehr.

Ein anderer Tillntanzerl hatte einmal ein Verhältnis mit einem Mädchen aus Reissig und kam allabendlich zu ihr.

Auch sie erfuhr nie seinen Namen. So oft sie auch darum bat, wich er aus und tat gar heimlich damit. Von ihren Freundinnen wurde sie wegen ihres namenlosen Liebhabers verspottet, deshalb wollte sie mit List dahinterkommen. Da sie von den nächtlichen Tänzen auf dem Kammerbühl wußte, schlich sie ihrem Schatz, als er einst von ihr gegangen war, nach. Dort versteckte sie sich im Gebüsch und sah ihn unter den Zwergen, wie er sang:

Wenn das mein Schätzlein weiß,
daß ich Tillntanzerl heiß,
läßt es mich nimmer ein!

Erfreut ging das Mädchen fort und sagte sich den Namen wohl hundertmal vor. Als dann das Zwerglein am nächsten Tag wieder zu ihr kam, sagte sie ihm seinen Namen. Da wurde er ganz traurig, gab ihr die Hand und sagte:

„Weil du meinen Namen kennst, muß ich dich auf ewig meiden."

Darauf ging der Tillntanzerl fort und das Mädchen sah ihn nie mehr.

Das Håidweibl

Zwischen Karlsbad und Schlaggenwald liegt ein großer Wald, die „Håid" genannt. Dort lebt das „Håidweibl", ein kleines Weiblein, das mit einem blauen Kleide und roten Strümpfen angetan ist und in der Hand an einem roten Bande mehrere Schlüssel hält.

Vor Zeiten stand auf einer der Höhen in diesem Walde ein großes Schloß. Als der Besitzer desselben gestorben war, wurde seine Frau wegen ihres Geizes gefürchtet. Ihrem Gesinde legte sie harte Fronarbeiten auf und bezahlte sie nicht. Ihre auf so unrechtmäßige Weise erworbenen Schätze vergrub sie in ein unterirdisches Gewölbe und trug die Schlüssel stets bei sich.

Da fiel der Feind in das Land ein und zerstörte das Schloß bis auf die Grundmauern. Die Schloßfrau kam ums Leben und muß seitdem umherwandeln, bis ihre Sünden getilgt sind.

Einmal kehrten mehrere Weiber mit Holzlasten aus dem Walde heim. Da erblickte eine das Håidweibl, das einen schwarzen Hund mithatte, der sie knurrend anstarrte. Die andern Weiber banden der Geängstigten die Augen zu und schleppten sie mit vieler Not zu einem alten Kreuze, worauf der ganze Spuk verschwunden war.

Als sich das Weib am Abend niedergelegt hatte, trat das Håidweibl durch die verschlossene Tür in die Stube und sagte:

„Wenn du mich erlösen willst, so komm mit mir! Du sollst reich werden."

Das Weib aber gab keine Antwort und wickelte sich ganz in ihr Bett ein. Da ging das Håidweibl schluchzend fort und muß nun so lange umherirren, bis es einer durch Heben des Schatzes erlöst.

Das Wunderlämpchen

Es war einmal ein armes Weib. Das hatte zu Hause einen kranken Mann und vier kleine Kinder und die Großmutter lebte auch noch bei ihr. Obwohl die Frau vom ersten Hahnenschrei bis zur sinkenden Nacht arbeitete, war im Häuslein oftmals bittere Not und sie mußte sich bei mitleidigen Seelen ein Stück Brot erbetteln.

Einmal hatte sie sich verspätet. In finsterer Nacht kam sie vom Gebirge her und trug ihr kleinstes Kindlein schlafend in den Armen. Wie sie beim Flaschnerfelsen vorbeikam, hallten zwölf Glockenschläge vom Kirchturm her. Plötzlich spaltete sich der Felsen und helles Licht strahlte daraus hervor. Die Frau trat durch das Felsentor ein und sah einen Haufen Gold in einem hohen Raume liegen. Dabei saß ein silberhaariger Greis. Als sie ihm ihre Not erzählt hatte, durfte sie sich die Tasche mit Gold füllen und erhielt ein altes Lämpchen.

„Wenn du etwas brauchst, was dir und den deinen nützt", sagte der Alte, „so wird dir das Lämpchen den Wunsch erfüllen."

Als die Frau wieder aus dem Felsen getreten war, merkte sie, daß sie im Übermaß der Freude ihr Kind vergessen hatte. Rasch kehrte sie um, aber in diesem Augenblick schlug die Glocke eins und dröhnend schlugen die Felsen zusammen. Nach langer Qual entschloß sie sich zur Heimkehr.

Zu Hause angelangt, stellte sie das Lämpchen auf den Tisch, nahm von dem Golde und eilte fort, Eßwaren einzukaufen. Indessen kam ein Handelsmann, sah das alte Lämpchen und bot der Großmutter ein neues dafür. Das Wunderlämpchen war nun verloren. Von dem Golde konnte die Familie gut leben, aber es nahm immer mehr ab.

Sechsmal versuchte die Frau am Jahrestag in den Felsen zu kommen, aber sie hatte kein Glück, der Felsen blieb verschlossen. Endlich am siebenten öffnete sich der Felsen. Sie trat ein und sah ihr Kindlein beim Goldhaufen spielend sitzen. Der freundliche Alte gab ihr ein anderes Wunderlämpchen und nochmals Geld und ließ sie mit dem Kinde ziehen.

Von nun an blieb das Glück bei der Familie. Schon am ersten Abend wünschte sie beim Scheine der Wunderlampe, daß ihr Mann gesund würde. Am nächsten Morgen verließ er gesund und kräftig das Bett. Gesundheit, Glück und Zufriedenheit waren fortan ihre Gäste.

Das Schloß am weißen Felsen

An einem Karfreitag ging einmal ein Mann durch den Wölfling-Wald. Beim Weißen Felsen sah er eine seltene Blume. Sie gefiel ihm so gut, daß er sie abbrach und auf seinen Hut steckte. Da schritt er auf einem feinen, sandigen Weg dahin und kam zu einem großen, prächtigen Schloß. Eine weiße Frau hieß ihn willkommen und zeigte ihm die Herrlichkeiten in allen Gemächern. Zuletzt kamen sie an einen gedeckten Tisch, wo er essen konnte, soviel er wollte. Nach dem Essen schlief er ein wenig. Als er wieder aufgewacht war, sagte ihm die weiße Frau, er könne sich vom Golde nehmen, doch möge er das Beste nicht vergessen. Der Mann dachte, das Beste sei das Gold, und füllte sich alle Taschen voll. Traurig führte ihn die weiße Frau aus dem Schlosse hinaus.

Er eilte nach Hause, traf dort aber nur fremde Leute an. Als er nach Weib und Kind fragte, wurde ihm bedeutet, daß sie vor Jahren als alte Leute gestorben seien. Von dem Pfarrer des Ortes erfuhr er nur, daß er vor genau hundert Jahren am Karfreitag in den Wald gegangen und nimmer wiedergekommen sei. Der Mann lebte noch viele Jahre als reicher Mann bis an sein seliges Ende.

Die Gründung von Karlsbad

Als Kaiser Karl IV. einmal auf der Jagd von einem wilden Eber am Schenkel verwundet wurde, empfahl ihm sein Leibarzt Bäder in der heißen Quelle. Am Fuße des Felsens, wo der Sprudel entspringt, errichtete man im Stein einen Badesitz, den sogenannten „Kaiserstuhl". Rasch besserte sich die Wunde und bald war der Kaiser ganz gesund.

Kaiser Karl ließ nun die Quellen fassen, Häuser bauen und verlieh dem Badeort, in dem viele Kranke Heilung fanden, Stadtrechte mit besonderen Vorrechten. Dem Kaiser zu Ehren wurde die Stadt „Kaiser Karls Bad" genannt. Gern weilte der Kaiser in seinem Schlößchen, das er sich im lieblichen Tepltal auf einem Felsen erbauen ließ.

Die Gründung von Marienbad

Unweit vom Kreuzbrunnen hatte ein Köhler seine Hütte. Eines Abends kam aus dem nahen Wald ein Ritter mit Schwert und Schild und einem Kreuz auf dem Mantel heraus. Er erzählte dem erstaunten Köhler, daß er vom Kloster Waldsassen komme, um in Tepl die traurige Kunde zu überbringen, daß der Gründer des Klosters, der edle Herr Hroznata, auf Kinsberg gefangen und dort zu Tode gemartert worden war. Unterwegs sei sein ermüdetes Pferd gestürzt und nun müsse er Stift Tepl zu Fuß erreichen. Da habe er sich im Walde verirrt. Der Köhler erbot sich, den Ritter nach Tepl zu führen, und forderte diesen auf, sich vorher noch an den Brunnen, neben dem ein Holzkreuz stand, zu stärken. Da erhob der Ritter segnend die Hand und sprach:

„Fortan soll der Brunnen 'Kreuzbrunnen' heißen und sein Wasser soll für alle Zeiten Heil und Segen den Kranken bringen. Ein von Gott erleuchteter Abt des Stiftes Tepl wird es sein, der die Quelle fassen und eine Stadt hier gründen wird, doch er wird durch seine undankbaren Klosterbrüder verbannt werden und die Fremde ziehen."

Der Köhler führte den Ritter nun durch den Wald ins Stift Tepl. Die prophetischen Worte des Ritters erfüllten sich. Zu Beginn des neunzehnten Jahrhunderts ließ der Abt Karl Reitenberger das Gebiet um die Heiligquelle kultivieren, daß sich der Kurort Marienbad dort entwickeln konnte. Abt Reichenberger wurde nach Wilten verbannt, wo er 1860 starb. Seine Gebeine aber wurden nach Stift Tepl überführt.

Der Name Marienbad

Vor langer Zeit kam ein Handwerksbursch von Eger her durch den dichten Wald, um nach Tepl zu wandern. Ermattet kam er an eine brodelnde Quelle. Nachdem er sich gelabt hatte, ruhte er sich unter einem Baume aus und schlief ein. Im Traum erschien ihm die Jungfrau Maria, die mit der linken Hand auf die Quelle zeigte und dieser mit der rechten Hand den Segen erteilte.

Nach dem Aufwachen nahm der Wanderbursch sein Gebetsbüchlein aus der Tasche, um zu beten. Als er das Büchlein öffnete, entfiel diesem ein Marienbildchen. Das befestigte er an dem Baum, unter dem er so schön geträumt hatte. Das Bildlein wurde bald darauf durch ein auf Holz gemaltes Marienbild ersetzt. Man nannte von da an diese Quelle die Marienquelle und die dabei erstandene Siedlung Marienbad.

Die Entstehung der westböhmischen Heilquellen

Hoch oben im Norden wohnte ein uralter Zwergenkönig mit seinen Söhnen und seinem Zwergenvolk. Auf Gottes Befehl mußten sie das ewige Feuer hüten, das riesige Wassermengen erhitzte und Eis und Schnee zum Schmelzen brachte. Sie schürten das Feuer mit besonderen Steinen, die auch unter der Erde ohne Luft brannten. Schlug das unterirdische Feuer durch die Erde, so entstand ein feuerspeiender Berg.

Eines Tages schickte der Zwergenkönig seine Söhne in die weite Welt hinaus, damit sie auch anderswo solche Steinfeuer schürten. Drei kamen in unsere westböhmische Heimat. Der älteste und weiseste der Söhne ließ sich in einem Tal nieder und handelte genau nach den Anweisungen seines Vaters. Sein unterirdischer Feuerkessel war von zwei Bergen fest gestützt und das Wasser kochte stark. Was aus dem Kessel überläuft, nennen die Menschen den Karlsbader Sprudel.

Der zweite Sohn zog ein Stück weiter, bis er in ein kesselartiges Tal am Fuße eines hochragenden, hornförmigen Berges kam. Als er feststellte, daß sein Steinfeuer zu tief gelagert sei, begannen die Zwerge auf sein Geheiß sofort mit der Erbauung eines geeigneten Badekessels, unter welchem er ein mit Schwefel vermengtes Feuerungsmaterial aufhäufen ließ.

Kaum hatte der Königssohn dieses Feuer entzündet, begann auch schon der Kessel selbst zu brennen, so daß eine helle Lohe über ihn emporschlug. Das aus dem Kessel rinnende Wasser erhielt zum Teil von den sich entwickelnden

Dämpfen einen stinkenden Schwefelgeruch, weswegen ihm der Volksmund den Namen „Stinker" gab.

Der Königssohn kehrte hierauf zu seinem Vater zurück, der mit einem Machtwort das Feuer im Hornberg löschte, aber gebot, daß aus dem Kessel die Brunnen für ewige Zeiten zu rinnen haben.

Der dritte Sohn suchte einen Platz und, obwohl er nur auf einer Seite für seinen Feuerkessel eine Bergwand vorfand, schürte er doch ein großes Feuer an. Doch das war ein Fehler. Es gab einen fürchterlichen Krach, die Erde erzitterte. Das Feuer flog zum Kammerbühl heraus, der Kessel stürzte um und das erste lauwarme Wasser floß und fließt noch heute in Franzensbad aus der Erde. Durch das Abfließen entstanden auch die vielen Säuerlinge.

Von dem Knall wurde der Palast der Zwerge zerstört und so müssen die kleinen Wichte in einem dunklen Zwergenloch Wache halten und auf das Wasser achten, damit kein Unglück geschehe.

Der Trompetenbrunnen

Im Dreißigjährigen Krieg vernichteten die Schweden in der Nähe von Theusing ein Dorf völlig und nur noch ein Brunnen und eine Kapelle blieben übrig. Unter den schwedischen Soldaten war ein Trompeter, der so schön blies, daß ein Bauernmädchen den Trompeter trotz Krieg und Zerstörung liebgewann. Die übrigen Soldaten aber wurden ihrem Kameraden neidisch und beschlossen, ihn zu überfallen. In der Nähe der Kapelle erblickte der Trompeter, der hoch zu Roß saß, seine falschen Kameraden und wollte entfliehen. Dabei geriet er aber in einen Sumpf und versank darin. Traurig blies er noch zum letzten Male seine Trompete. In späteren Jahren, als immer noch von der versunkenen Trompete erzählt wurde, wollte man einmal nach ihr am Brunnengrund suchen. Nach langem, eifrigem Graben sah man sie auch richtig liegen. Als sie aber einer der Männer ergreifen wollte, stürzte das zur Seite geschaufelte Erdreich wieder auf die Trompete. Seither hat niemand mehr versucht, nach ihr zu graben. Wenn heute der Wind laut pfeift, so sagen die Leute von Theusing:

„Heut bläst der schwedische Trompeter wieder."

Der Räuber von Maria-Kulm

Einst trieb eine Räuberbande unter Anführung ihres Hauptmanns Kust auf dem Kulmer Berg ihr Unwesen. Die Bewohner der ganzen Gegend zitterten in Angst vor den greulichen Schandtaten dieser Räuberbande. Ritter Heinrich von Reißengrün, der Herr der Feste Katzengrün, war in Falkenau zu Besuch gewesen. Auf dem Heimweg betete er in der Marienkapelle auf dem Kulmer Berg. Daheim merkte er, daß er in der Kapelle sein kostbares Schachbrett vergessen hatte. Er befahl daher seinem Sohn Ottomar, es zu holen. Doch dieser weigerte sich, wegen eines Schachbrettes in das gefährliche Räubergebiet zu gehen.

Ottomar liebte Bibiana, des Burgvogts Töchterlein. Diese beschloß mutig, das Schachbrett zu holen, erzählte aber niemand von ihrem Plan. Unbehelligt erreichte sie die Kapelle, fand das Vergessene und wollte eben den Heimweg antreten. Da vernahm sie Stimmen. Es waren Leokadia,

Ritter Hartwigs Tochter, und der Räuberhauptmann. Als Edelmann verkleidet, hatte er die Liebe Leokadias gewonnen und sie entführt. Nun gab er sich zu erkennen und forderte das entsetzte Edelfräulein auf, ihre Kleider und ihren Schmuck abzulegen, denn sie müsse sterben. Dann brachte er die Unglückliche zu einer schmalen Grube, um sie zu töten. Diesen Augenblick hatte Bibiana abgewartet. Sie ergriff schnell die Kleider und rannte nach Hause. Kust verfolgte sie, konnte sie aber nicht mehr einholen. Daheim erzählte sie das Entsetzliche und man beschloß, dem Unwesen der Räuber ein Ende zu machen.

Die mutige Bibiana wußte auch hier Rat. Es wurde ein Fest auf der Burg veranstaltet und Edelleute von nah und fern dazu eingeladen. Bibiana erschien als Edelfräulein verkleidet und, wie sie vermutet hatte, auch der Räuberhauptmann als Edelmann verkleidet. Er näherte sich Bibiana. Diese ließ sich zum Schein betören und von ihm zur Kapelle entführen. Rings im Wald waren Bauern und Reisige verborgen. Auf ein Glockenzeichen Bibianas stürmten sie hervor und nahmen Kust und seine ganze Räuberbande gefangen. Sie erhielten ihre verdiente Strafe. In der Räuberhöhle fand man viele geraubte Silberschätze. Davon wurde nun die Kulmer Wallfahrtskirche erbaut. Das tapfere Mädchen aber erhielt die Hand des Junkers Ottomar.

Der Hans-Heiling-Felsen

Vor langen Zeiten fand ein armer Bauer, welcher auf das Schloß Elbogen Frondienste zu leisten ging, zwischen zwei großen Steinen ein wimmerndes, neugeborenes Knäblein. Mitleidig hob er es auf und nahm es mit sich. Auf dem Schloß gab er es der Markgräfin und bat sie, es als Gabe anzunehmen und besser zu pflegen als die eigene Mutter.

Die Markgräfin war darüber sehr erfreut und ließ ihm in der Taufe den Namen Hans geben, von seinem Finder aber den Namen Heiling. Der Knabe wuchs unter dem Schutz der Markgräfin zu einem stattlichen Jüngling heran, der an den Wissenschaften mehr Gefallen fand als an den Ritterspielen. Unablässig durchwanderte er Wald und Flur und saß dabei einmal an der Eger und blickte in ihre dunklen Fluten. Da rauschte es und die Egernixe tauchte aus dem Wasser.

„Ich kenne deinen Kummer", sagte sie, „ich will dich die schwarze Kunst lehren, doch unter der Bedingung, daß du dich nie vermählst!"

Er sagte unbesonnen zu. Die Egernixe hielt ihr Wort und Hans Heiling war glücklich.

So verging manches Jahr, bis er eines Tages ein Egerländer Mädchen kennenlernte und es zu seiner Frau machen wollte. Aber das Mädchen gedachte, einen andern Burschen zu heiraten. Als die beiden mit vielen Gästen Hochzeit hielten, erschien um Mitternacht Hans Heiling plötzlich unter ihnen und rief:

„Teufel, ich lösche dir deine Dienstzeit, wenn du mir diese vernichtest!"

Der Teufel antwortete:

„So bist du mein!" und verwandelte alle Hochzeitsleute in Felsen. Braut und Bräutigam standen da, wie sie sich umarmten, die übrigen mit gefalteten Händen. Hans Heiling aber stürzte vom Felsen in die Eger hinab, die ihn zischend verschlang, und kein Auge hat ihn je wieder gesehen. Noch heute zeigt man gegenüber dem Dorfe Aich die versteinerten Hochzeitsgäste.

Die sieben Jungfrauen

Ein Graf im Egerland war wegen seiner gewalttätigen und rohen Art weithin gefürchtet. Eines Tages war er müde und durstig und verlangte in einer Hütte einen Trunk Wasser. Dort fand er sieben wunderschöne Jungfrauen in der Stube, die ihm das Wasser reichten. Der Graf begehrte alle sieben zum Weib. Weil sich die Schönen weigerten, mit ihm zu ziehen, ließ er sie auf sein Schloß entführen. Die Mädchen beschlossen, sich zu rächen und erdolchten den Grafen. Dabei wurden ihre schneeweißen Kleider mit dem Blute des Ermordeten bespritzt. Rasch eilten sie zu sieben Brünnlein, aber es gelang nicht, die Blutflecken zu entfernen.

Seit ihrem Tode müssen sie zur Sühne für ihre Tat an jedem Karfreitag solange die Messe in der Kirche dauert, ihre Kleider an sieben Brünnlein waschen. Ist die Zeit verstrichen, so erscheinen aber auf den Kleidern wieder die roten Blutflecken.

Thilde Hoppe-Hoyer: Am 4. Juni 1922 in Weseritz/Egerland geboren. Vater Bahnbeamter aus Pawlowitz, Mutter aus Plan. Von 1930 – 1938 in Pilsen, Besuch des Gymnasiums, ab 1938 in Karlsbad, hier Matura (Abitur) 1941; anschließend ein Jahr Arbeits- und Kriegshilfsdienst. Von 1942 – 1945 Studium in Prag an der Deutschen Karls-Universität. Fächer: Volkskunde bei Prof. Hanika; Germanistik und Geschichte. Nach 1945 Studium in Heidelberg, dann Schuldienst; seit 1968 Schulleiterin; 1958 im Egerland-Verlag der „Egerländer Sagenkranz", nunmehr in 2. Auflage im Preußler-Verlag erschienen. Mehrere heimatkundliche Rundfundsendungen, auch über Sagengleichheit aus dem Egerland und der Pfalz. Ferner sammelte sie außer Sagen auch Märchen, Legenden, Anekdoten und Schnurren aus dem gesamten sudetendeutschen Sprachraum.
In der Egerländer-Gmoi Heidelberg seit Jahrzehnten auf kulturellem Gebiet tätig: Vorträge und Beiträge (Gmoi-Bladl) über heimatliches Brauchtum (z.B. Jahresbrauchtum, bedeutende Egerländer Dichter, Wissenschaftler; über Burgen, Schlösser, Heilbäder, geschichtliche Ereignisse usw.) Außerdem schrieb sie Kurzgeschichten und Gedichte.

Alexander Hoyer

Sonett an die Heimat

Ach, endlos dauern deines Unglücks Strähnen,
Es zehrten Not und Tod an deinen Gliedern.
Du, Heimat, willst das Unrecht nicht erwidern,
Denn richten mögen, die sich Götter wähnen.

Ist's Widersinn, das Opfer zu ersehnen?
Ja, ja, mein Land, wie warst du arm an Gütern.
Doch überreich warst du an Heimatliedern.
Oh, singt sie mir, und ihr versteht die Tränen.

Mein Fluch der Zeit, der Himmlisches zuwider.
Sie will die Heimat nicht mehr heilig nennen,
Da ja verroht, versteinert die Gemüter.

Denn ach, wenn Herzen nicht mehr weinen können,
Sind ganz verstummt der Liebe zarte Lieder.
So wird wohl keiner Hoffnung Licht mehr brennen.

Der Zauber der Heimat

In unserer Heimat war alles viel besser!
Die ärmlichsten Hütten erschienen wie Schlösser,
der Wald war viel grüner, die Wiesen viel bunter,
das Wasser viel klarer zum Grunde hinunter.
Die Vöglein, sie zwitscherten lauter und heller,
die Fischlein im Bache, sie schwammen viel schneller.

Es tummelten Hasen und Rehlein sich munter,
das ganze Gehege – ein traumhaftes Wunder!
Die Luft roch nach Honig fruchtschwangerer Blüten,
wie Rosen die Wangen der Kinderlein glühten,
wie Sterne die fröhlichen Äuglein erstrahlten,
so lustig, daß sie alle Sorgen vergalten.
Es schmeckte das Brot wie woanders der Kuchen,
da gab es Kaffee bei den Freundesbesuchen,
der war von Getreide, nicht etwa von Bohnen,
und doch war es besser, das muß ich betonen.
Es schien auch daheim uns die Sonne viel wärmer.
Obwohl wir an Geld und an Gut soviel ärmer,
erschien uns die Armut bei Gott nie als Plage,
erlebten wir frohe und glückliche Tage.
Und wenn immer wieder das Glockengeläute
verkündete: Brüder hört! Sonntag ist heute,
da dufteten Kuchen und Würste und Braten
wie wir sie, fürwahr, nur daheim eben hatten.
Ja, heut, da man mich zu Unrecht vertrieben,
heut dünkt mich, als war's das Schlaraffenland drüben.
In Wirklichkeit war es ein Land so wie viele,
nur war halt der Zauber der Heimat im Spiele.
Ein Herz voller Liebe, die Augen voll Tränen,
so schau'n wir zurück in verzweifeltem Sehnen.
Man schätzt erst die Werte, wenn man sie verloren,
erst dann scheint die Heimat zum Himmel erkoren.

Mein Egerland

Mein Egerland, sei mir gegrüßt!
Du Bild der Heimat, sei geküßt!
Ihr Wiesen, Wälder, Täler, Höh'n,
wie war't ihr doch so traut, so schön!

Wie die Natur war alles echt
an dir und nichts war falsch, nichts schlecht.
Bei uns'rer Menschen frohen Art
hat Gott an Vielfalt nicht gespart.
Bescherte uns ein volles Herz,
weich in der Lieb', doch hart im Schmerz
und treu und tapfer jederzeit.

Trotz dieser Welt Verlogenheit
blieb unser Stamm so wie er war:
im Herzen rein, im Geiste klar.
Selbst in der Schmach aufrecht und stolz
wie zähes deutsches Eichenholz.
Du, Egerland, blutetest schwer,
drum lieben wir dich umsomehr.
Trotz bitt'rem Leid und Not zugleich
bliebst du für uns das Himmelreich!

Der Kaiserwald

Es wogt der dunkle Kaiserwald im Winde
Und seine Wipfel schweben hin und her.
Mir ist, als ob an einem Strand ich stünde
Und traumhaft rauscht um mich das grüne Meer.

Den Wellen gleich im Silberglanz die Blätter,
Es spiegelt sich der Himmel in dem Glast,
Erlöschend kündet er das nahe Wetter
Und scheucht den Wand'rer auf von seiner Rast.

Des Volkes Schwermut flieht in seine Stille,
Aus dumpfem Grollen hört es seiner Mundart Klang,
Und abertausend Vöglein Liederfülle
Erheitert das Gemüt wie Engelsang.

Im Kaiserwald, dem grünen Dom des Egerlandes,
Dort führte ich die Liebste zum Altar,
Verschworen uns inmitten des Naturgewandes,
Weil nirgendwo ein Ort so heilig war.

An der Egerquelle

Dir, Eger, Fluß aus gold'ner Zeit,
Dir klag ich hier mein bitt'res Leid.
Vom Ursprung bis zum Elbestrand
Führt dich dein Weg durch deutsches Land.
Was du gesehn, was du erlebt,
Zum Zeugen Gottes dich erhebt!
Du kennst dein Volk vom Anbeginn,
Weißt um des Egerländer Sinn
Nach Freiheit, Recht und deutscher Art
Wie er sie heute noch bewahrt.
Du gabst des Kaisers Pferden Trank
Eh' seine Burg in Nacht versank,
Sahst Barbarossa, Wallenstein,
Dein Volk in der Hussiten Pein.
Du sahst viel Frohsinn, Glück und Freud
Und ebensoviel Not und Leid.
An deinen Ufern jede Stadt
Erschütternde Geschichte hat.
Dir floß das Blut in Strömen zu.
Erinnernd noch erschauerst du
Vor dem, was Haß zuweg' gebracht,
Was Slawengrausamkeit erdacht.
Wer da auf deinen Brücken stand,
Hat sich vor Grauen abgewandt.
Von Kinderblut dein Wasser rot,
Auf deinen Wellen trieb der Tod.

Ein Meer von Tränen sich ergoß,
Vereint mit dir zur Elbe floß,
Zu künden drauß' im Mutterland,
Welch bitt'res Ende man hier fand.
Die Deutschen, die man nicht erschlug,
Vertrieb man von Fabrik und Pflug.
Man raubte, was der Ahnen Fleiß
Einst aufgebaut mit Blut und Schweiß.
So steh ich hier, ein Bettler fast,
Und halt an deiner Quelle Rast.
Ich kam in diesen Hain zurück,
Zu träumen von verlor'nem Glück,
Weil du hinab nach Böhmen fließt
Und täglich meine Heimat siehst
Wie eh und je, so wonniglich,
Oh, Bächlein, wie beneid' ich dich!
Doch deiner Quelle gleißend Licht
Bestärkt heut meine Zuversicht.
Es mag noch manches Jahr vergeh'n,
Ich glaub an unser Wiederseh'n!
Niemals stell ich mein Fordern ein,
Denn ohne Heimat ist kein Sein!
So trag hinüber meinen Gruß,
Du lieber, teu'rer Egerfluß!

Traum des Vertriebenen

Ich träum' so oft von meiner Heimat,
träum' gern von meiner Jugendzeit,
gedenke tränenfeuchten Auges
bescheid'ner Kinderseligkeit.

Ich hör' noch singen all die Lieder
von meiner Mutter Stimme zart,
find mich in ihren Armen wieder,
sooft mir Leid geschehen ward.

Ich träum' von altvertrauten Bildern,
seh mich durch enge Gassen gehn,
dort, wo auf unverblaßten Schildern
noch uns're deutschen Namen stehn.

Ich wandle dann auf allen Fährten,
wo ich gespielt, geweint, gelacht als Kind
und wo in stillen Gottesgärten
die Ahnen mein begraben sind.

In dieser Heimat frei zu leben,
dem galt mein Sinn von Jugend an,
doch niemand will das Leid beheben,
das diese Welt mir angetan!

Der Alte aus Böhmen

Man hat mich vertrieben von Scholle und Heim,
hat mir fast verleidet, am Leben zu sein.
Erschlug noch zuvor mir mein Weib und mein Kind,
allein aus dem Grunde, weil Deutsche wir sind!
Man hat mich gepeinigt, geprügelt, beraubt,
dort hat man gemordet wie niemand es glaubt.
Es wurde zerrissen, was Gott einst vereint,
ich habe durch Jahre in Strömen geweint.

Doch nun scheint, ich spür' es, das Ende mir nah,
erfüllt sich ein Leben, dem Leid nur geschah.
Versiegt sind die Tränen, erstarrt bald mein Herz,
doch wach bleibt mein Sehnen, der Blick heimatwärts!
Erleb' ich die Stunde der Heimkehr nun nicht,
weil morgen der Tod schon das Auge mir bricht,
so grüßt mir die Heimat, die Brüder, das Land,
und sagt, daß im Tod erst den Frieden ich fand!

Beim Heimattreffen

Sooft ich unter Freunden steh,
würgt mich ein Schmerz, drückt mich ein Weh,
denn aller Augen feuchter Blick
zeugt von der Heimat totem Glück.
Begrüßungen ohn' Unterlaß.
Von Tränen alle Wangen naß,
umschlingen wir uns fest und lang
und allen ist es gleichschwer bang.
Bekannte aus dem Heimatkreis,
die Rücken krumm, das Haar schlohweiß,
zerschunden uns're Hände Haut
und zitt'rig uns're Kehle Laut.
Gequälte Herzen überall.
Man hört nur mehr: es war einmal.

So reicht man heute sich die Hand,
spricht immer nur vom Heimatland.
In jedem Antlitz, gütig, mild,
seh ich der Heimat liebes Bild.
Drum, Freunde mein, verdenkt mir's nicht,
wenn mir, wie Euch, die Stimme bricht,
weil mir der Schmerz zum Halse steht,
wenn ich von meiner Heimat red'!

Am Dichterstein Offenhausen

Um einen Schemel die Gruppe geschart,
Die sich noch ein Herz voller Liebe gewahrt,
Voller Liebe zum Volke, zur Sprache, zum Land.
So hält sie zusammen ein ehernes Band.

Die Schar, die sich offen zum Volkstum bekennt,
Und die sich die Freunde des Dichtersteins nennt,
Sie sitzt um den Schemel und einer trägt vor,
S' ist keiner dabei, der den Glauben verlor,

Den Glauben an Deutschland. Trotz ruchloser Zeit
Besingen die Dichter die Unendlichkeit
Des Volkes erhabenen Geistes. – Gepackt
Lauschen alle, die kamen, dem heiligen Akt.

Es kommen nur die, die den Mythos erkannt,
Der unentwegt sie an das Höchste gemahnt.
Es sind die Getreu'n, die selbst dann nicht vergehn,
Wenn Verfolgungen drohn und der Not Stürme wehn.

Um einen Stein sind die Toten geschart,
Die ethische Treu' bis ans Ende gewahrt.
Hier stehn nicht nur Namen. Es sei nicht verhehlt:
Hier wird man vom Geist deutscher Dichter beseelt.

Vom Dichten

Worte zu setzen in Reimen
gelingt bald einem.

Sein eigenes Seelenleben malen,
den Überschwang seines klangerfüllten Gemütes
in der Reinheit unserer schönen Sprache wiederzuspiegeln,
wenn diese Sprache Funken sprüht,
Gefühle zum Gedanken reifen,
darf man erst nach den Versen greifen.

Aphorismen, Sprüche, Epigramme

Die Werte der Kunst sind beständiger als die des Geldes.

Kunst ist die Fähigkeit, sich und die anderen an den Schönheiten dieser Welt zu erfreuen.

Nährt das Brot den Leib, das Wissen den Geist, so nährt die Kunst die Seele.

Kunst ist im wesentlichen dazu da, die Menschen für die Ungerechtigkeiten des Lebens zu entschädigen.

Ist das Band einer Gemeinschaft nicht von Liebe geflochten, so gebricht es ihr am Glanz des Segens.

Alles Bestreben dieser verkommenen Welt läuft darauf hinaus, der Menschheit die Lüge als Wahrheit zu verkaufen.

Mit ihren erotischen Waffen erreicht die Frau mehr als mit dem hellsten Kopf.

Sobald dich die Neider loben, bist du auf dem falschen Weg.

Das Große fußt auf Kleinigkeiten.

Liebt Dein Bruder Dich nicht sehr, zählt ein guter Freund viel mehr.

Um dein Gesicht zu verbergen, mußt du nur den Mund halten.

Klugheit ist anstrengend. Die Dummiane ahnen nichts von ihrer geistigen Armut.

Haß ist der Dünger des politischen Unrechts.

Alexander Hoyer wurde am 16. 2. 1914 im Musikstädtchen Schönbach im nördlichen Egerland geboren. Sein Vater war, wie alle seine anderen Vorfahren, Geigenbauer und Musiker, die Mutter von gleicher Musikalität. Die Wurzeln zum Lyrischen liegen sicher schon in einer langen Ahnenreihe.

In seinem Heimatstädtchen besuchte Alexander Hoyer die Volks-, Bürger- und Gewerbeschule. Daneben erlernte er in der Staatsfachschule das Geigen- und das Cellospiel. Als

Sparkassenpraktikant strebte er die Externistenmatura der Handelsakademie an, wurde jedoch durch tschechische Polizeiaufsicht und frühzeitige Einkerkerung daran gehindert. Seit seinem 7. Lebensjahr gehörte er der sudetendeutschen Turnerbewegung an, und schon als Jugendführer hatte er wegen seiner rednerischen Angriffe gegen die Unterdrükkung das Mißfallen der tschechischen Zwingherren erweckt. Mit 22 Jahren wurde er wegen seiner Kampfreden zu einer 4-jährigen Kerkerstrafe verurteilt.

Der unbeugsame Volkstumskämpfer – er hatte die Matura nachgeholt und Biologie, Philosophie und Geschichte studiert – bewährte sich während des Zweiten Weltkrieges auch als Soldat. Er wurde fünfmal verwundet. Das Kriegsende erlebte er in dem zur Hölle gewordenen Prag, wo er in gehobener Stellung gewirkt hatte. Er floh aus der tschechischen, der russischen und wiederum der tschechischen und letztenendes auch der amerikanischen Kriegsgefangenschaft.

1946 in Graz gelandet, begann er als Hilfsarbeiter, um sich in kürzester Zeit zum angesehenen Schmuck- und Juwelengroßisten hinaufzuarbeiten.

Alexander Hoyer veröffentlichte lange vor Kriegsende Gedichte und Prosa in verschiedenen Zeitschriften. Alle Manuskripte verblieben in Prag. Er schrieb und vertonte selbst drei Soldatenlieder (eines von Herms Niel preisgekrönt). Nach Kriegsende zahlreiche Lyrik- und Prosabeiträge in Zeitschriften und Anthologien.

Bisher gedruckte Werke: „Die Wahrheit lügt", Romantrilogie, „Ich rede Fraktur", Gedichtband, „Segen des Lichts", Gedichtband, „Ein Blick nach innen", Gedichtband.

Auszeichnungen: 1. Preis beim Lyrikwettbewerb 1970 am Dichterstein Offenhausen, Adalbert-Stifter-Medaille, Silbernes Ehrenzeichen der Landeshauptstadt Graz.

Herta Huber

Stell dir vor . . .

Stell' dir vor, was ich manchmal denke. Für Bruchteile von Sekunden kommt mir plötzlich in den Sinn: wir sind ja gar nicht vertrieben.

Ich weiß natürlich, daß das hier nicht meine Heimat ist, und dennoch drängt sich mir dieser Gedanke ab und zu einmal auf. Dann bin ich für diese Sekundenbruchteile unaussprechlich glücklich.

Ich denke: das gibt es nicht, daß man die Menschen aus ihren Häusern und aus ihrer Heimat verjagt, das kann die Welt nicht zulassen.

Das Glück geht ganz schnell vorbei, doch läßt es einen Schimmer zurück, der manchmal den ganzen Tag erhellt.

Ich weiß, das klingt sonderbar. Doch vielleicht gibt es da und dort einen Menschen, der das gleiche Erlebnis hat.

Heimatstimmen

Es ist nicht wichtig mehr,
von wo ich ihren Stimmen lausche,
noch in den fernsten Landen
dringt Vogelsang zart zu mir her,
als ob ich in der Heimat wär.

Der Heimat Stimme
schmeichelt durch die Nächte und die Tage;
im Schrei der wilden Taube klingt ihr Lied,
im Meeresrauschen – schließe ich die Augen –
hör ich das Rauschen ihrer Wälder mit.

Im Föhnwind, stürmt er über Berge,
erkenne ich den wilden heimatlichen Sturm,
im Flügelschlag der Schwalbe kehrt die Stimme wieder,
wenn kreist das Tier um einen alten Turm.
Und noch wenn ferne lacht ein Kind,
hör' zärtlich ich die Kunde durch den Wind.

Es ist nicht wichtig mehr
von wo sie mir erklingen,
ich höre sie aus vielem singen.

Heimatfriedhof

Am Friedhof in Neukirchen im Egerland
fanden wir neben der Friedhofsmauer
ein Kreuz,
das stand schon ganz schief.

An diesem alten Kreuz hing an rostigen Nägeln
eine Porzellantafel;
mit Goldverzierung stand in altertümlich
schnörkeliger Schrift:
Hier ruht in Frieden
Margaretha Schnabl aus Ullersgrün
geb. am 11. Mai 1845, gest. am 3. Mai 1920.
Ruhe sanft!

Das war meine Urgroßmutter.
Wir sahen in den Jahrzehnten der Heimatlosigkeit
viel von der Welt;
das ist heute so, daß man ruhelos die Länder durchstreift.

Viel vergißt man wieder von dem, das man sah,
aber das schiefe Kreuz am Friedhof in Neukirchen
im Egerland, das werde ich nie mehr vergessen.

Kartoffelgraberinnen

Barfuß in den Holzpantoffeln,
knöchellanger Rock;
blonde, braune, graue Haare
unterm buntgeblümten Tuch,
flink der Hände Spiel –

Körbe schleppend,
Rücken streckend,
hackend, klaubend,
aufwärtsschauend:
Kommt der Abend bald?

Helles Grau des Rauchs
vom Kartoffelfeuer
kräuselt überm Feld.
Schwatzen die Gevatterinnen:
tröstend, traulich Tun.

Schmerzt der Rücken
von dem hundertfachen
tausendfachen Bücken.

Der Sieger

Er zog mir die Uhr
aus der Tasche.
Gierigen Blickes
in zögernden Händen
hielt er sie fest;
zlato! – Gold!
formte flüsternd sein Mund.

Sekunden später
schaute er auf:
starr stießen unsere Blicke
ineinander,
saugten sich fest.

War es eine ferne Mutter,
eine Schwester
aus frohen Kindertagen,
die aus seinen Augen sprach?

Schweigend
gab er die Uhr mit zurück.

Frühling 1946

In den Tagen, da der Frühling in den Sommer überging und die Bauern sich anschickten, die Geräte zur Feldbestellung aus den Schuppen zu holen, trat in die Stube des Gemeindehauses eine Frau, um einer anderen mit vielen Gesten und Zeichen eine traurige Mitteilung zu machen. Sie konnte nicht mit Worten sagen, was geschehen sollte, denn die andere war taubstumm; auch konnte die Stumme weder schreiben noch lesen.

Es war nicht daran zu denken, ihr auch nur den kleinsten Schimmer davon zu vermitteln, warum alles geschah, was sie nun zu tun hatte.

So packte die Taubstumme hastig und ängstlich ihre Siebensachen, aber wie konnte man ihr klarmachen, daß sie für immer fort müsse und daß sie nur einen kleinen Teil ihrer Habe mitnehmen dürfe?

Das Federbett, einige Wäsche- und Kleidungsstücke, eine Tasse vielleicht, die mit dem Vergißmeinnicht, einiges an Besteck, die wenigen Lebensmittel. Alles andere mußte bleiben wo es war, es wurden nur fünfzig Kilo gestattet. Doch von wem? Weshalb, zu welchem Zweck? Wohin ging die Fahrt? Erst auf dem Lastwagen in die Kreisstadt, dann einwaggoniert, erneut ausgeladen in einem fremden Ort nach tagelanger Fahrt.

Wir sahen sie in einem Massenlager wieder. Sie saß auf einem Eisenbett, ihrer eigenen kleinen Oase im lauten und bunten Getriebe, und da sie nicht reden konnte, sammelte sich in den traurigen Augen alle Hoffnungslosigkeit über das Unglück, das sie traf.

Der Traum

Seit Jahren immer der gleiche Traum, mit kleinen Variationen: das Haus der Großeltern; einst, als es seine alten Bewohner noch beherbergen durfte, war es ringsherum zwar nicht herrschaftlich gepflegt – mit englischem Rasen und bunten Edelblumenrabatten zum Beispiel –, doch auf zweckmäßige Weise in Ordnung gehalten. Alles hatte seinen festen Platz, dafür sorgte der Großvater, der einen zielstrebigen, ordnungsliebenden Charakter hatte, der keinen Bindfaden umkommen ließ und keinen krummen Nagel.

Und jetzt, nach den vielen, vielen Jahren seit der Trennung, im Turnus häufigen Gedenkens an Haus und Kindheit, der ständig wiederkehrende, unruhvolle Traum: Das Haus, bewohnt im Traum zwar immer noch von Vater, Mutter und gelegentlich auch anderer verwandtschaftlicher heut noch Lebender, doch auch Verstorbener, und nebenher mit der Gewißheit, daß ein Fremdes jetzt das Leben teilt, ein Ungenaues, Störend-angstergreifendes.

Dann – deutlich – auf der Wiese das Gras, das keiner mäht; das Kornfeld unbebaut, von Traktorspuren kreuz und quer durchzogen; der Gartenzaun voll Lücken, voll umgerissener, splitternd lieblos hingeworfener Latten, und ein Teil von ihnen schon verheizt. Erdhügel rund ums Haus, wo einst die Beete waren, gepflegt von Mutters Händen. Die Kinder durften sich versorgen mit Kohlrabi und Geblrüben, ohne erst zu fragen. . .

Verwüstung um das Haus und innen eine unheilvolle, düstre Ruhe; kein fremder Mensch ist je in diesem Traum zu sehen, doch spürbar sind die Fremden noch bis in die kleinste Faser. Die Nerven angespannt. Gefühl und Sinne bis zum äußersten gereizt. Noch in dem Dämmerzustand vorm Erwachen deutlich spürbar.

Daneben aber auch das Hin und Her der alten Eltern, Tanten, Onkel, in einem ungeheuren Durcheinander in allen Räumen, bis hinauf zum Taubenschlag unterm Dach.

Im Traum: daheim und doch bedroht von fremder Eigenart, zwar unsichtbar, jedoch begreifbar stets gemacht aus dem Durcheinander im und außer Haus.

Ein ständig wiederkehrendes, im Traume immer neu geborenes Gefühl der völligen, der unbehausten traurigen Verlassenheit.

Erinnerung

Weißt du noch, wenn an den Nachmittagen,
da die Hitze flimmernd brodelte am Rain,
Mücken schwirrten um den Erntewagen.
Trunken tanzten sie im Sonnenschein.

Weißt du noch, wie um den Himmelsbogen
Wetter leuchteten in dunkler Nacht,
grell die Farben durcheinanderstoben
in geheimnisvoller bunter Pracht.

Weißt du dies und weißt du jenes noch,
als das Glück uns fast den Atem nahm,
wenn auf sammetweichen Waldeswegen
es behutsam-sacht entgegenkam.

U draß' wår ma!

Drassn blast da Wind, dös tout, wöi wenn nei(n Teifl häina. Owa dös mecht deanan neks aas, doi wons schäi(n wårm hobm in da Stubm, wöi mir zwoa Kinna ba da Großmutta in Gossagräi(n.

Unna Häusl is sua töif a(n)gschneit, dan sie va da Vorhäusltür aas bis zan Gårtntürla vüre an Gång aasgrobm hobm, der wo sua töif in Schnäi drinna steckt, da(ß)-ma suagåua Köpf van Gråußan nimma siaht, wenn sie don durchgänga.

Hei, is dös schäi(n!

Mir zwoa Kinna hobm uns in dean håuchn Schnäi Hölln ei(n)grobm, in döi da Wind neat ei(n)wachln koa. U wemma d' Mutta schäi(n be(tt)ln, åffa läßt sie uns amend heint nu amål assi as da Stubm u sågt häichstns:

„Kummts fei(n neat wieda tropfatwatschlnoß ei(n)a. Häiats? Håt's ghäiat?"

„Eh jååå!"

„Dös is fei(n neat no a sua. Dåu kinnts d' Schnapfm kröign owa gåua-r-a Lungarentzinding. Håts ghäiat?"

„Fraale!"

U draß' wår ma!

As Flüglörwlklåidal

Wöi i nu a kloins Måiderl gwesn bin, dåu hobm mir mei(n Tantn amål a schäins rosas Klåidal kaft, dåu han weißa Bläimala druabm gwesn u es håut, wos as Schänst wår, Flüglörwala ghåttn. Dåu håuts sua schäi(n lüfte ei(n)gwachlt unta d'Achsl, wenns in Summa hoaß gwesn is, no holt as gånze schäine Klåidal is üm mein kloin Lei(b ümmigwo(d)lt, wenn da Wind gwaht håut.

Ich häit dös Klåidal fraale no am Sunnta zan Spåziern-gäih(n oa(n)zöign solln, owa waal i sua binouzt ho(b, håut mas mir aa unta da Woch oa(n)zöia låua. Waal, sua håut d'Mutta gmoint, as Kind wechst jå sünst z'schnell drasassi u håut neat vül ghåttn va sein rosan Klådala.

„Owa, daß'd ma fei(n afpåßt, häiast, måtsch neat in Dreek mit dean schäin Klåidala; u z'reiß's neat wieda glei. Neat af Bäuma affi damit, håust g'häiat?"

„Eh jåååå!" sua howi z'ruckbäbat.

Owa, nimm da no wos vür! Fraale howa-mi vürgseah, sua gouts gånga is.

Es mogh sua vierzeah Togh aastrogn hobm, dåu håut da oi(n Onkl oan Vürhaisla Dochrinna oa(n)gstrichn, döi Får(b wår sua wöi a weng råutbrau(n, mäihara räi(t)li wöi brau(n. Du schäi(n)s Gottal, ich ho(b fei(n neks dafür kinnt, wöi i don oi(n)-gstrafft bin, waal i amend a weng z'gnåucht oan Dochrinna hi(n)gflodat bin mit mein rosana Flüglörwlklåidala.

Åffa hobm sie a weng Rewäll gmåcht, Tantn u Großmutta: „Gottal, Gottal", håut d'Mutta gåmmat, „dös Kind, dös Kind!" Jå, owa an Kind håut-å neks gfahlt. Grod holt as Klåidal håut uabm am Flüghala an gråußn, råutbrauna

Fleek ghåttn, mäihara råut wöi brau(n. No, öitza wår dös Klåidal wengstens a Werktoghsklåidal. Öitza håuts dåu gåua koin Zweifl nimma drüwa gebm u koa(n Binouzarei.

Es is doch denna ållas nu za wos gout in Lebm.

Owa dåu damit is dös Gschichterl nu neat aas. G'setzt håuts neks, döi hobm mir näi wos tåu(n, wenn i wos bexiert ghåttn ho(b. Is-å aa seltn vürkumma. U a weng wårs ma jå aa selwa drümm.

Nu, mir, ich u ma(n Kuseen, mir san åffa a påår Togh danåu am Fußbållplåtz vüregånga, wall dåu håut da oi(n Onkl mit Fußbåll gspült, u mir san assn in Gros gsessn u hobm zougschaut. Jå, dös wår schäi(n. Dåu san mir stunnalång sua ghaalt u hobm afpåßt, wöi dös gäiht; u öiaramål hobmma aa-r-a weng dazoubäigt. U mir han va latta Afreghing u Freid aa öfta a wengerl weita ei(n)grutscht in Fußbållplåtz.

U dösmål aa. Mir sitzn dåu u schaua u schaua, dåu mou(ß ich amend an Autwachla a weng in Wegh gwesn sa, er zoah(n)lt mi oa(n: „Gäih weg, Måiderl, gäih weg! Siahst latt neat, daß'd in Wegh bist? U dar-a di neat am End eppa nu üwan Haffm renn, gäih löiwa weg."

Nusa, jå, a weng rutsch i dåu af d'Seitn, u wöis da Teifl wüll, kinnt grod in dean Amblieck da Bålln gfluagn u flöigt mir oan Kuapf oi(n. Mi(ch håuts ümmighaua u dåu bin-i glegn. Ich wår türmi u bin a Waal liegn bliebm. Dåu han ållz'samm Fußbållara hergrennt za mir, waal da Autwachla zan bäign oa(n)gfånga håut u ich ho(b)-nan grod nu bäign häian:

„Oijegeß! dös Kinnal blout't-å!"

Jesuserl, han döi daschrockn.

Ich sogh gåua, dirts kinnts enk scho(n denkn vawaa: Jå, döi hobm gmoint, dös is Blout, doi råutbrauna Får(b af mein Flüglörwlklåidala. Sie hobm mi afghuabm u immatrogn, owa ich ho(b åffa schnell wieda zan Zowln oa(n)-

gfånga, wall ma jå neks g'fahlt håut u waal i wieda oigwollt ho(b. Hearadeck, wårn döi fråuch u ich wårs goute Kind hintn u vorn, u sie hobm mit aa-r-a Krone gebm, für döi howi mir kinna a Tortnstückl huln ban Fritsch-Zuckabäcka, der wo neat weit weg sein Lodn g'hättn håut.

Ui! Ei! håut dåu as brave Kinnal owa glåcht!

Hoimaterdn

Heints hobms
an Nåchbasmoa(n begrobm
u da Herr Pfårra, der håut gmoint,
sie tou-nan öitza ei(n
in d' Hoimaterdn.

Dåu howi don am offna Gro(b
sua für mi denkt:
wos wird-a denn no sogn,
wenns mi in deara Erdn
vagrobm.

U gånz vastuhln ho(b ich in Gsichta gschaut
rundümmandümm,
u ho(b in koin
aa no a wengerl Hoimat gseah.

Owa, sua howi gspikaliert,
wer wird an Pfåra sogn,
da(ß dös sua is?

Herta Huber, geboren am 24. Jänner 1926 in Schönbach, Kreis Eger als Tochter des Geigenhalsschnitzers Hans Hoyer und seiner Frau Marie. Schulbesuche in Schönbach und Eger, doch statt eines berufsbildenden Schulabschlusses mit knapp achtzehn Jahren zum Arbeits- und anschließend zum Kriegshilfsdienst eingezogen. Damaliger Slogan: Wir brauchen Rotkreuzhelferinnen, Flakhelferinnen und keine Sportlehrerinnen.

Heirat 1945; Vertreibung aus der Heimat; nach verschiedenen Irrfahrten Ansiedlung in Bayern, wo ein Sohn und zwei Töchter geboren wurden.

Veröffentlichungen: Mundartbücher: 1978 „Stutzala" – Ernstes und Heiteres aus dem Egerland; 1982 „Fröiha u heint" – Egerländer Mundartgeschichten; beide erschienen im Kolb-Verlag Karlstein am Main.
„Maria Kulm – Historie in Egerländer Mundart" im Verlag Helmut Preußler – Nürnberg.
Prosa, Lyrik, Szenen in Anthologien, Kalendern, Zeitungen, Zeitschriften, Szenenheften.

Josef Kempf

In einem fernen Land

„Ich bin zurückgekehrt, ich habe den Flur durchschritten und blicke mich um. Es ist meines Vaters alter Hof. Die Pfütze in der Mitte. Altes, unbrauchbares Gerät, ineinanderverfahren, verstellt den Weg zur Bodentreppe. Die Katze lauert auf dem Geländer. Ein zerrissenes Tuch, einmal im Spiel um eine Stange gewunden, hebt sich im Wind. Ich bin angekommen. Wer wird mich empfangen? Wer wartet hinter der Tür der Küche? Rauch kommt aus dem Schornstein, der Kaffee zum Abendessen wird gekocht. Ist dir heimlich, fühlst du dich zu Hause? Ich weiß es nicht, ich bin sehr unsicher. Meines Vaters Haus ist es, aber kalt steht Stück neben Stück, als wäre jedes mit seinen Angelegenheiten beschäftigt . . ."

Ein paar Sätze, der Anfang eines Textes von Franz Kafka mit dem Titel „Heimkehr". Ich liebe dieses kurze Prosastück, eine Parabel, seit ich es kenne, liebe es wie kaum ein anderes. Ich habe es mitgenommen auf diese Reise, eine Reise in die Vergangenheit, in die Heimat Kafkas, die zugleich auch die meine ist: Böhmen.

Und während der Zug durch die Nacht rast und die Entfernung schrumpft und die Vergangenheit näherrückt, geographisch zumindest, während ich diese Zeilen Kafkas lese, fliegen meine Gedanken voraus. Auch ich kehre heim. Nach langer Abwesenheit. Und auch ich frage mich, nicht anders als jener Heimkehrer bei Kafka, wie es mir wohl ergehen wird, frage mich, ob auch mir die Dinge kalt und abweisend, ja fremd entgegentreten werden, ob mir denn heimlich zumute sein wird, ob ich mich zu Hause fühlen werde.

Ich weiß es nicht, sowenig wie Kafkas Heimkehrer. Noch bin ich nicht heimgekehrt. Noch trennen mich viele Kilometer, eine Nacht und ein Tag. Um acht Uhr morgens geht erst mein Zug, ein Zug nach Prag, dazwischen liegt noch eine lange Nacht auf dem Frankfurter Hauptbahnhof, in schwüler, rauchgeschwängerter Luft, in einer bunt zusammengewürfelten Gesellschaft von Reisenden, rauchenden, lesenden, gedämpft sich unterhaltenden, dumpf vor sich hinstierenden oder über Tischen zusammengesunkenen Menschen, die der Zufall zusammengeführt hat für eine Nacht, um sie wohl nie mehr einander begegnen zu lassen.

Am Eingang zum einzigen in dieser Nacht geöffneten Bahnhofslokal Polizisten mit schußbereiter Maschinenpistole und Sprechfunkgerät. Sie lassen sich von jedem neu Eintretenden die Fahrkarte zeigen, an den Schließfächern im Bahnhof auch den Paß oder Ausweis. Es hat Anschläge gegeben, in letzter Zeit. Explosionen von Bomben in Schließfächern westdeutscher Großbahnhöfe. Man will auf der Hut sein, man sieht es. Man ist es.

Mit einem Bündel Morgenzeitungen sitze ich schließlich im Zug nach Prag. Viel zu langsam, scheint es, geht es voran, quer durch den Spessart, vorbei an blitzsauberen fränkischen Dörfern. Eine Bilderbuchlandschaft. Verträumte Idyllen. Irgendwo hinter diesen Wäldern am Main eine andere Heimat für die ersten Jahre nach dem Krieg, ein fränkisches Dorf am Main, still und verschlafen. Wie lang ist das her. Schließlich, mit wachsender Unruhe, der Grenze entgegen: Schirnding. Dann, nach halbstündigem Aufenthalt, plötzlich Stacheldraht vor dem Fenster. Grenzbefestigung. Würfelförmige Beobachtungstürme hoch über dem Erdboden. Und plötzlich fremde Uniformen neben den Gleisen, jetzt sind sie im Zug, in den Gängen, im Abteil. Verschlossene Gesichter, dienstliche Mienen: Paß- und

Zollkontrolle. Niemand darf den Zug in Eger verlassen, bevor die Erlaubnis gegeben wird.

Ein anderes Land. Ein fernes. Ein kalter Wind fegt über den Bahnsteig in Eger, der nur von älteren Leuten bevölkert scheint, Rentern oder Pensionären. Der Zug nach Karlsbad geht erst in einer Stunde. Zeit, um in die Gesichter von Menschen zu sehen, und später, im Zug, in das Gesicht einer Landschaft von bedrückend monotonem, erdfarbenem Grau. Nirgendwo frische, lebendige Farben, überall Spuren unübersehbarer Alterung, Zeichen stillen, scheinbar unaufhaltsamen Verfalls von Häusern und Anlagen, abseits liegenden Gehöften.

Der Zug erreicht Karlsbad am späten Nachmittag. Gleich am Bahnhof, während man auf das Taxi wartet, scheint man als Westler erkannt. „Wollen Sie tauschen?" Ausgerechnet ein Bahnangestellter in Dienstuniform ist es, der offenbar keine besonderen Skrupel kennt, die staatlichen Devisenbestimmungen auf offener Straße zu umgehen. Westmark ist außerordentlich begehrt, versetzt sie doch ihren Besitzer in die Lage, wenigstens ein bißchen an den sonst so gut wie unerreichbaren westlichen Konsumgütern teilzuhaben, Waren verschiedenster Art, die man in den staatlichen TSSEX-Läden nur gegen Devisen kaufen kann. Für den Touristen gewiß eine harte Versuchung, da der „schwarze" Wechselkurs mindestens das Dreifache des offiziellen amtlichen Kurses beträgt.

Der Taxichauffeur fährt, als gelte es, einen neuen Geschwindigkeitsrekord im abendlichen Berufsverkehr aufzustellen. Für vier Tage wird das frühere „Grandhotel Pupp", heute „MOSKVA" genannt, meine Bleibe sein, einst das Hotel für Europas feine Gesellschaft und erste Adresse, wenn man in Karlsbad kurte, schon vor unserem Jahrhundert aber bereits mehr Denkmal als Hotel, bis mit dem Ende des ersten Weltkriegs dann der endgültige Abstieg dieses wohl bedeutendsten böhmischen Badeortes begann.

Von hier aus werde ich meine Entdeckungsreisen in die Vergangenheit unternehmen. Grandios und imposant, wie schon am Abend der Ankuft zu sehen, noch immer der Festsaal des Hotels und die mit reichen, barockisierenden Stuckornamenten ausgestattete, von vier mächtigen Karyatiden getragene Galerie. Spürbar noch immer der verblichene Glanz der belle epoque. Hier spielt sich heute, wenn überhaupt, so etwas wie das gesellschaftliche Leben der Stadt ab, ein Hauch von Internationalität, ein matter Abglanz davon, stellt sich aber allenfalls zur Zeit der Filmfestspiele ein. Ansonsten scheint dieser Festsaal, vor allem die Bar, ein Treffpunkt von Deutschen aus Ost und West zu sein, während manchmal auch russische Laute zu hören sind, freilich gedämpfter, so scheint es: sie wollen nicht auffallen, die Freunde aus dem Osten, die achtundsechzig in selbstloser, brüderlicher Hilfe dem Land die Friedhofsruhe bescherten. Auch sie schwingen hier nach flotten westlich-dekadenten Rhythmen das Tanzbein.

Spätabends der stickigen Atmosphäre des Tanzsaals entronnen schließlich ein erster Rundgang in der Nähe des Hotels. Auffallend die Dunkelheit auf den Straßen. Nur vereinzelt eine Laterne mit spärlichem Licht, die Geschäfte sind überwiegend unbeleuchtet. Eine Stadt im Dunkeln. Man spart Energie.

Eine zweite, nicht minder auffallende Beobachtung: Etwas liegt in der Luft; ein beißender, ätzender Schwefelgeruch, der mich auch in den nächsten Tagen überallhin begleiten wird. Wer sich erinnert: Schon im Frühjahr waren alamierende Nachrichten durch die westdeutschen Zeitungen gegangen, die von einer unerträglichen, ja gigantischen

Luft- und Wasserverschmutzung in der CSSR sprachen. Abgase und Rauch aus Chemie- und mit Braunkohle beheizten Kraftwerken verpesteten die Luft. Der Schwefeldioxydgehalt, so war da zu lesen, liege stellenweise bis um das Zehnfache über den tolerierbaren amtlichen Werten; allein in Karlsbad sei die Belastung mit dem giftigen Stoff dreimal so hoch als überhaupt zulässig. In der Tat, man riecht es.

Nicht weniger beängstigend, für den Laien aber selbst nicht erkennbar: die Radioaktivität in der Nähe der in den vergangenen Jahren zahlreich entstandenen Braunkohlenkraftwerke des Landes ist um das Zweihundertfache größer als in der Umgebung eines Atomkraftwerkes. So leiden immer mehr Menschen in diesem Land an Bronchitis, an Krebs, an Ekzemen der Haut. Soviel scheint schon heute gewiß: die Zuwachsraten werden in Zukunft noch weiter steigen, eine Lösung des Problems ist jedoch nicht entfernt in Sicht.

Der äußeren physischen Bedrohung der Menschen hier entspricht eine andere, innere, nicht weniger gefährliche: Es ist die Angst des in einem total überwachten und kontrollierten Polizeistaat lebenden Individuums. Dies gilt für alle Menschen in diesem Lande, für Tschechen, Slowaken, Ungarn, Polen nicht anders als für die Deutschen, von denen es hier noch immer eine beträchtliche Anzahl gibt, wenn sie auch oft weit über das Land verstreut leben. Spürbar wird diese Angst in wenigen Szenen dieses Aufenthalts, Szenen die sich mir für immer eingeprägt haben.

Da ist die Zimmerfrau auf meiner Hoteletage, eine Deutsche, wie sich zu meiner Überraschung herausstellt. Noch immer sehe ich sie vor mir, wie sie mit ängstichem, gehetztem Blick, stets auf der Flucht vor ihrer tschechischen Arbeitskollegin, von der sie sich beobachtet, ja bespitzelt weiß, kaum ein paar Worte mit mir zu wechseln wagt. Gespenstische Szenen, geradezu kafkaesk, diese flüchtigen Begegnungen mit ihr auf endlos scheinenden, nur spärlich erleuchteten Hotelfluren, die mit ihren dicken Teppichen jeden Laut, jeden Schritt verschlucken, geräuschlos machen, und den arglosen, unerfahrenen Fremden, ohne Vorwarnung, plötzlich hinter jeder Biegung des Flurs, hinter weißgelackten Türen, die sich jeden Augenblick öffnen können, unausweichlich einem Gegenüber in die Arme treiben müssen. Wie groß sie ist, diese Angst, zeigt ein anderes Beispiel: Als ich am nächsten Morgen, gleich hinter dem Hotel, an der Endhaltestelle, wo sich bereits eine dicke Traube von Menschen befindet, in den Omnibus steige und dem Fahrer, ein bulliger Typ mit blassem, schwammigem, schlecht rasiertem Gesicht, mein Ziel angebe, zugleich mit einer Frage nach einer Umsteigemöglichkeit – auf deutsch, versteht sich, denn ich bin des Tschechischen nicht mächtig –, schüttelt er nachdrücklich und bestimmt den Kopf, sagt etwas, das ich nicht verstehen kann, doch es klingt unfreundlich, und wendet sich ab, ohne sich weiter um mich zu kümmern.

Hilfesuchend blicke ich mich um, wiederhole meine Frage, ins Wageninnere gerichtet, auf deutsch, hoffe, daß irgendjemand darunter ist, der mir antworten wird – als späche ich ins Leere, gegen eine Mauer des Schweigens: vierzig oder fünfzig Augenpaare, die neugierig oder gleichgültig, entschlossen zum Schweigen oder unfähig zur Antwort, mich streifen, an mir vorbeisehen und mich ins Leere laufen lassen. Gibt es hier wirklich niemanden, keinen einzigen Menschen, der deutsch versteht oder verstehen will?

Schließlich, zwei, drei Haltestellen weiter, ich stehe im Gang, sehe zum Fenster hinaus, fühle noch immer Blicke auf mir, zupft mich plötzlich jemand am Ärmel, ein älterer

Mann mit Brille und schmalem Oberlippenbärtchen, sagt ein paar Worte, die gewünschte Auskunft, kaum daß ich ihn verstehen kann, auf deutsch. Er sieht mich nicht an, während er spricht, schaut zum Fenster hinaus, so daß es den Anschein hat, als spräche er mit sich selbst.

Eine letzte Szene, die schlagartig erhellt, wie engmaschig das unsichtbare Netz der Angst ist, das über den Bewohnern des Landes, gleich welcher Nationalität, zu liegen scheint: Die Toilettenfrau im traditionsreichen Café „Elefant" an der trida Dukélskych hrdinu, der früheren „Alten Wiese", auch eine Deutsche, wie sich herausstellt, sogar im Ruhrgebiet geboren und noch vor dem Krieg nach Böhmen gelangt und, der Liebe zu einem Briefträger wegen, auch hier geblieben, erzählt mir folgende Geshichte: Nach einer kurzen, belanglosen Unterhaltung mit einem Ostdeutschen habe sie einmal, noch ganz in Gedanken, einen neu eintretenden Gast ebenfalls auf deutsch angesprochen, worauf sie dieser, offensichtlich Tscheche, linientreuer Kommunist oder Funktionär, drohend und barsch angeschrien habe, man sei hier in der Tschechoslowakei, und sie habe gefälligst tschechisch zu reden, oder . . . Eine wegwerfende, unmißverständliche Handbewegung habe die Unterhaltung abrupt beendet. Tage-, ja wochenlang habe sie schreckliche Angst ausgestanden, habe kaum mehr geschlafen, in der Furcht, ihre Stelle zu verlieren, ganz zu schweigen vor Schlimmerem.

Drei Szenen nur, aber sie lassen mich nicht mehr los, auch in den nächsten Tagen nicht, bis heute nicht, scheinen sie doch symptomatisch für den Zustand eines ganzen Landes, einen Zustand der Unterdrückung und Angst, des Psychoterrors, der die totale Unterwerfung des einzelenen verlangt und der nach den Ereignissen von August 68 und im Gefolge der Maßnahmen gegen die Unterzeichner der

„Charta 77" bei den meisten zur völligen Resignation und zum Fatalismus geführt hat.

Und noch eines drängt sich immer wieder ins Bewußtsein, und es ist keineswegs das frühherbstliche kühle, regnerische Wetter, das diesen Eindruck auslöst, sondern allenfalls verstärkt: dies scheint eine unaufhaltsam dem Verfall preisgegebene Stadt zu sein: immer wieder verrottete Häuserfassaden, verblichene, ausgezehrte Farben, Rost. Eines der ganz wenigen Anzeichen von Bautätigkeit – wie ein Versuch, dem unübersehbaren Verfall entgegenzuwirken: ein riesiger Bauzaun vor der noch immer imponierenden Mühlbrunnkolonnade, die heute Kolonnade der Tschechoslowakisch-sowjetischen Freundschaft heißt. Unweit davon, flußaufwärts, dicht unterhalb der einstigen Sprudelkolonnade, an deren Stelle heut der moderne Baukomplex der Juri-Gagarin-Sprudelkolonnade steht mit der riesigen, überdimensionalen Bronzestatue des ersten russischen Kosmonauten, arbeitet ein Bautrupp im seichten Wasser der Tepl, immer wieder verhüllt von Dampf und aufsteigenden Rauchschwaden. Dicht daneben, in strahlendem Weiß und mit dem frischen Gold ihrer Kuppeln fast schon anachronistisch wirkend die Maria-Magdalenen-Kirche Dientzenhofers, des neben Balthasar Neumann bedeutsamsten böhmischen Barockbaumeisters.

Wieder einmal holt mich die Wirklichkeit dieser kurzen Karlsbader Tage unvermittelt aus der Vergangenheit zurück: eine Szene wie aus einem Film dramatisch, auf eine Weise kafkaesk. Ich stehe vor einem Schallplattengeschäft auf der Rooseveltova Ulice, schräg gegenüber der Mühlbrunnkolonnade. Während mein Blick durchs Fenster geht, sehe ich plötzlich, mitten im Laden, eine Frau, offenbar eine der beiden Verkäuferinnen, mit dem Rücken zur Tür, während die andere eine schmale, blasse Blondine im roten Mantel mit beiden Händen festhält. Jetzt bemerke ich auch den unauffällig gekleideten Mann vor dem Laden, in seiner Rechten hat er etwas, das aussieht wie ein Sprechfunkgerät. Da braust auch schon ein Polizeiauto heran. Der Mann mit dem Funkgerät winkt den beiden herausspringenden Polizisten. Schon sind sie im Laden. Sie pakken die Frau, stoßen sie unsanft auf den Rücksitz des Wagens, der schnell wieder davonfährt.

Alles hat sich in Sekundenschnelle abgespielt. Eine gespenstische Szene. Ein paar Passanten, die scheu und, wie ich, ganz zufällig dies alles aus nächster Nähe beobachten konnten, gehen rasch weiter. Auch der Mann mit dem Sprechfunkgerät schlendert davon. Von weitem sieht er jetzt aus wie ein harmloser Sparziergänger. Wieder einmal muß ich an Kafka denken, an das bei ihm in vielen seiner Texte spürbare Vorhandensein von Angst und das plötzliche Umschlagen einer scheinbar alltäglich-normalen Situation ins Unheimlich-Bedrohliche. Apropos Kafka: In mehreren Buchhandlungen habe ich nach seinen Büchern gefragt. Überall Achselzucken, verlegenes Kopfschütteln: Kafka ist nicht lieferbar. Vor zehn Jahren, sagt mir schließlich ein Buchhändler, als wir allein im Laden sind, habe es zuletzt einen Nachdruck gegeben, seitdem nicht mehr. Auf meine Frage nach dem Warum wiederum Achselzucken. Niemand scheint es zu wissen, genauer: wagt es zu sagen, warum. Keine Heimkehr also für Kafka, vorläufig zumindest, in diese Stadt und in dieses Land.

Auch ich bin noch nicht heimgekehrt. 10 Kilometer von hier bin ich geboren. In Elbogen. Loket, so heißt dieses Städtchen heute auf tschechisch. Wie oft sind meine Gedanken in all den Jahren dorthin zurückgekehrt? Wie oft bin ich im Geiste heimgekehrt? Ich weiß es nicht. Was ich weiß, ist dies: Nie war ich der Erfüllung eines Traumes näher als jetzt.

Der Bus braucht für die Strecke Karlsbad – Elbogen weniger als eine halbe Stunde. Als der Wagen schließlich die scharfen Serpentinen die Karlsbader Straße hinunterfährt, geht der Blick zur Rechten weit ins Land. Dort, wo die rauchenden Schlote aufsteigen, liegt Falkenau, inmitten einer Mondlandschaft, durch die sich, im Vordergrund, ein riesiger Bagger wühlt. Hier wird Kohle im Tagebau gefördert. Hier hat die Welt, man sieht es, ein anderes Gesicht bekommen, ein Gesicht, das bis zur Unkenntlichkeit entstellt und verändert ist. Schon taucht im Dunst der Ferne die Burg auf. Dann durch die enge Straße hinter dem Ortseingang, an der Schule vorbei, wie eine Schlucht, die sich plötzlich, zum Marktplatz hin, öffnet. Alles geht viel zu schnell. Fast ein Gefühl der Angst, als wäre man unvorbereitet auf dieses Augenblick, schutzlos und irgendwie unbarmherzig ins Licht gestoßen. Ein nicht zu beschreibender Schmerz.

Ich bin angekommen. Bin ich es wirklich? Zuviele Bilder gehen in mich hinein. Ich sauge mich voll damit, kann nicht genug davon haben, bin unersättlich in meinem Hunger nach ihnen. Wo immer ich bin in diesen Stunden, stadtauf, stadtab, auf Straßen und Gassen, über Treppen und Plätze, dem Fluß entlang und schließlich zurück zum Ausganspunkt, ins Herz der Stadt – alles scheint an seinem Platz, fast alles, doch dies ist, das wird mir jetzt klar, eine andere Stadt, eine fremde, mit verblichenen, verwitterten Häuserfassaden und aufgerissenem Mauerwerk. Verfall und Zerstörung allenthalben. Vermauerte Fenster. Und Scheiben, zerbrochen. Windschiefe Läden. Vom Rost zerfressene Metallrollos. Manche Häuser sind unbewohnt. Wucherndes Gras zwischen Pflasterfugen. Dicht unterhalb des Marktplatzes, im Zentrum der Stadt, ein bis auf die Brandmauern abgerissenes Haus. Und weiter, die Stufen hinauf, zur Burg. Der Eingang verschlossen. Seit langem, wie ich weiß.

Ich sehe mich um. Aus einem Haus am Hang, dicht unterhalb der Burg, kräuselt sich, schwefelig, gelber Rauch. Der Wind treibt mir den ätzenden Geruch entgegen. Das Dach ist, wie ich jetzt sehe, zur Hälfte abgedeckt, Gebälk wird sichtbar, wie ein krankes, bloßgelegtes Gerippe –.

Eine unzureichende Zustandsbeschreibung, gewiß. Die Wirklichkeit ist viel umfassender, nicht mehr beschreibbar. Goethe, der während seiner Karlsbader Aufenthalte zwischen 1807 und 1823 nicht weniger als einundzwanzigmal hier in Elbogen war, würde sich wundern, könnte er die Stadt heute sehen, eine Stadt, die er sehr liebte und deren unvergleichliche Schönheit er rühmt. Hier, im Hotel „Weißes Roß", feierte er am 28. August 1823, in Gesellschaft der 36jährigen Frau von Levetzow und ihrer drei Töchter Ulrike, Amalie und Berte, den „Tag des öffentlichen Geheimnisses", wie er ihn selbst nennt, seinen 74. Geburtstag. Es ist für den greisen Dichter noch aus einem anderen Grund ein bedeutsamer Tag. Schließlich harrt er der Antwort auf seinen Heiratsantrag, den er der 19jährigen Ulrike gemacht hat und dem die Erfüllung, wie wir wissen, versagt bleibt.

So wird Elbogen zum Schauplatz der letzten Liebe des Dichters, und dieser Tag im August 23, über dem, bei aller Heiterkeit, schon ein Hauch des Abschieds liegt, des endgültigen Verlustes, wird für Goethe zugleich auch ein Abschied für immer von dieser Stadt. Nie wieder kehrte er später nach Böhmen zurück.

Die romantische Hotelterrasse, wo der Dichter diesen denkwürdigen Tag begeht, bietet noch heute eine unvergleichliche Aussicht über Fluß und Tal. Der Zugang zu ihr ist leider verwehrt, die Tür verschlossen. Ein Blick durchs Fenster, von der Gartenseite her, zeigt übereinandergestapeltes Mobiliar, Stühle und Tische. Wie heißt es bei Kafka? „Altes Gerät, ineinanderverfahren . . ."

Ich sitze am Fenster des Hotels „Weißes Roß" und sehe hinaus in den trüben, naßkalten Nachmittag. Draußen, auf dem Marktplatz, ist niemand zu sehen. Auch hier, im Lokal, nur ein paar Leute. In einer Ecke des Raums läuft ein Fernsehapparat. Visàvis, an die Wand gemalt, in schon stark verblaßten Farben, jene denkwürdige Szene mit Goethe vom August 23: der Dichter, umgeben von den Levetzows, auf der Aussichtsterrasse des Hotels.

Ich bin müde. Müde vom Laufen. Vom Treppensteigen, stadtauf, stadtab. Die Eger entlang, und die Vorstadt hinunter, zur Brauerei. Auch hier die gleichen Spuren des Verfalls, wie überall. Schon lange braut man kein Bier mehr hier. Hier werden jetzt Hühnerschenkel verarbeitet, so sagte mir wenigstens die Zimmerfrau aus dem Hotel „Pupp". Der Zutritt zum Betriebsgelände ist auch hier verwehrt. Ich bin den Bach entlanggegangen auf der Suche nach meines Vaters Haus im rückwärtigen Teil des Geländes, hinter den Wirtschaftsgebäuden. Es steht nicht mehr. Man hat es abgerissen. Das ganze Areal ist jetzt von einem blauen Wellblechzaun notdürftig eingegrenzt und den Blicken entzogen. Ich bin kreuz und quer durch die Stadt gegangen, eine Stadt, die eigentümlich leer zu sein schien. Nur vereinzelt ein paar Leute. Als wäre sie unbewohnt, so scheint es wenigsten. Oder unbewohnbar. Ich weiß jetzt: dies ist keine Stadt mehr zum Leben, sondern zum Fortgehn. Für Sekunden habe ich das Gefühl, zwischen den Zeiten zu sein, an einem unbestimmbaren, geographisch nicht mehr festzulegenden Ort. Ich weiß, ich bin nicht viel mehr als fünfzig oder sechzig Kilometer jenseits der Grenze und doch in einem fernen, unendlich fernen Land.

Nebenan läuft noch immer das Fernsehgerät. Ich höre Laute, die ich nicht verstehe, Worte, die mir fremd sind, wie die Dinge, wie alles, was ich her in den letzten Stunden gesehen habe, mir fremd ist, fremd geworden ist, obwohl es doch einmal so vertraut war. Ich komme mir plötzlich vor wie ein Eindringling, wie jemand, der etwas Ungesetzliches, Strafbares begangen hat.

„Ist dir heimlich? Fühlst du dich zu Hause?"

Die Fragen von Kafkas Heimkehrer, voller Unsicherheit und Zweifel an sich selbst gerichtet, könnten sie auch die meinigen sein?

Unschlüssig und wie ein Fremder steht er vor der Küchentür und lauscht. Allem Zweifel, aller Unsicherheit zum Trotz mag noch eine Spur von Hoffnung in ihm sein, obwohl er bereits das Fremdsein, das Abweisende an den Dingen bemerkt hat, von denen jedes „kalt, Stück neben Stück steht, als wäre es mit seinen eigenen Angelegenheiten beschäftigt . . ."

Ich sehe nach draußen, sehe plötzlich dichte weiße Flokken vorm Fenster niedergehen, der Wind treibt sie quer über den Platz. Frischer Schnee. Ich höre dumpfes Motorengeräusch. Ein Blick auf die Uhr läßt mich erschrocken hochfahren. Der Bus nach Karlsbad. Die Haltestelle befindet sich nur wenige Meter neben dem Hotel. Mein Aufbruch gleicht einer Flucht. Schon ist der Marktplatz von einer dünnen Schneeschicht überzogen. Die Scheibenwischer des Buses bewegen sich rasch, sie haben Mühe, der Schneeflut Herr zu werden. Langsam rollt der Wagen schließlich die enge Straße hinunter, dem Ortsausgang zu. Der Motor dröhnt lauter, als es die Steigung der Karlsbader Straße hinaufgeht.

Noch einmal sehe ich mich um. In der Ferne, vom fahlen

Schneelicht des frühen Abends beleuchtet, steht die Burg, Dächer und Türme von weißen Hauben bedeckt. Fremd und kalt wirkt sie jetzt, seltsam unwirklich, auf eine Weise unheimlich und unerreichbar, wie ein düsteres Abbild aus Kafkas Roman „Das Schloß".

Himmerod
oder
Das Geräusch der Stille

Lautlose Tage
und ein Ort für dich,
abseits der Straßen, wo man
das Leben noch
aushalten kann, mit nichts
als dem Geräusch der Stille, die
fast körperlich anwesend ist,
wie das Herz der Dinge.
Nun, da sie wirklich
vollkommen scheint,
hat nichts mehr Bedeutung, auch nicht
die Zeit.
Das Gewicht der Tage
wird leicht,
wenn nichts mehr da ist
als das Geräusch der Stille,
nur sie. Und sonst nichts.

Josef Kempf: Als Sohn des Bierbrauers der Burgbrauerei und mittleres Kind einer Geschwisterreihe von sieben wurde er 1935 in Elbogen geboren. Nach den Wirren von Krieg und Flucht verschlug es seine Familie nach Miltenberg a. M., wo ihn – und das entschied sein Leben – als Kriegsfolge ein schweres Gelenkrheuma befiel. Es zwang ihn sechzehnjährig nicht nur zum Abbruch der Schulbildung, sondern verurteilte ihn buchstäblich zum Gehen als Überlebenschance, Gehen als Beruf. Jahrelang wanderte er als Vertreter für Frankiermaschinen durch das Ruhrgebiet. Daß er damals zu schreiben begann und manches erfolgreich veröffentlichen konnte, half ihm über sein schweres Schicksal hinweg. Mit dreißig holte er das Abitur nach, studierte Germanistik und Klassische Philologie in Bonn und unterrichtet heute am Gymnasium von Königswinter. Veröffentlicht hat Josef Kempf, der zu seinen literarischen Vätern vor allem Peter Huchel und Franz Kafka zählt, drei Bändchen Lyrik und einige Prosageschichten. Im Februar 1982 erschien ein Taschenbuch mit Gedichten bei Ullstein in Rogners Edition, auch ein Band mit Prosaarbeiten, die thematisch menschliche Grenzsituationen, wie etwa den Selbstmord, umkreisen.

„Stille" ist ein Schlüsselwort seiner Lyrik, oft in der Kombination mit „Licht". Viel Stimmung ist in seinen melodiösen schlichten Versen, jedoch eine Stimmung, die über den Augenblick hinausdeutet. Klarheit ist Josef Kempf substantiell wichtig, auch als poetologisches Programm. Er liebt keine verrätselten Gedichte, „knapp und gedrängt", „dicht" und „sinnlich bildhaft" muß für ihn ein Gedicht Wirklichkeit einfangen, mit der „suggestiven Kraft eines Zauberspruchs". Von daher plädiert er auch lebhaft für das „Zeitungsgedicht": Lyrik in der Tagespresse, im Regenbogenmagazin, nicht im Ghetto esoterischer Ausgaben in Kleinstauflagen, auch nicht nur auf der Seite des Feuilletons.

Zita Ladwig

Egerländer Treuelied

Denk' ich zurück an die Heimat,
an dieses herrliche Land,
ist's mir im Herzen so fröhlich,
weil meine Wiege dort stand.
Denk' an die Berge, die Flüsse,
an grüne Fluren und Seen,
denk' an die raunenden Wälder,
drum wird mich jeder verstehn:
Dir, meiner Heimat,
bleibe ich treu,
schick einen Gruß dir
immer auf's neu.
Land an der Eger, du geliebtes,
unvergeßnes Vaterland!

Heimat, du Stolz deiner Söhne,
wer deine Schönheit je sah,
könnte dich niemals vergessen,
er bleibt im Herzen dir nah.
Wo sie auch Wurzeln geschlagen
nach einem harten Geschick –
was sie von dir einst erhielten
hallt wie ein Echo zurück:
Dir, meiner Heimat,
bleibe ich treu,
schick einen Gruß dir
immer auf's neu.
Land an der Eger, du geliebtes,
unvergeßnes Vaterland!

Heimat, was du uns gegeben,
was unser Wesen geprägt,
wird uns'rer Jugend zu eigen,
die wieder weiter es trägt:
Wie wir dein Erbe gehütet,
fiel es zu Zeiten auch schwer,
treu stets dem Glauben der Väter,
aufrecht und stolz, dir zur Ehr.
Dir, meiner Heimat,
bleibe ich treu,
schick einen Gruß dir
immer auf's neu.
Land an der Eger, du geliebtes,
unvergeßnes Vaterland!

(Melodie: Rudolf Lindner, früher Graslitz)

(Erstaufführung anläßlich der 30-Jahrfeier des Landesverbandes der Egerländer Gmoin in Bayern in Verbindung mit dem 25-jährigen Gründungsfest der Gmoi z'Waldkraiburg am 5. Juli 1980).

Wie war es bei uns in der Heimat so schön . . .

(Nach der Melodie „Die Mühle im Schwarzwald")

Wie war es bei uns in der Heimat so schön,
im bunten und lieblichen Tal;
's war herrlich, durch blühende Heide zu gehn,
möcht's nur noch ein einziges Mal –
und rings der Tannen Duft
in klarer Bergesluft.
Wie war es bei uns in der Heimat so schön,
im bunten und lieblichen Tal!

Oft denk' ich an dich, meine Heimat, zurück,
an's Stübchen so traut und so warm.
Betrauer ich dieses verlorene Glück,
dann fühl ich mich einsam und arm.
Verging auch schnell die Zeit
und bist du jetzt so weit –
denk' gern ich an dich, meine Heimat, zurück,
an's Stübchen so traut und so warm.

So lange der Herrgott das Leben mir schenkt,
will stolz ich der Heimat Kind sein.
Hat treu Er die Schritte zur neuen gelenkt –
die alte bleibt immer noch mein.
Und ist das Wandern aus,
ruft Er mich einst nach Haus:
Dann, Herrgott, denk an mein verlorenes Glück,
gib mir meine Heimat zurück!

(Erstaufführung anläßlich eines Besuches der Egerländer Gmoi z'Waldkraiburg bei der SL in Eggenfelden am 20. 10. 1979)

Könnt' ich noch einmal nach Hause gehn

Könnt' ich noch einmal nach Hause gehn,
unsere Wiesen und Wälder sehn,
wieder der Heide Duft atmen –
hören des Kirchleins Glockenton!
Könnte ersteigen wieder die Höhn
in Sonnenglanz und lauer Lüfte Wehn!
Wie wär ich glücklich, vom Herzen froh,
denn meine Heimat liebe ich so!

Wo einst die Mutter Lieder mir sang
in ihrer Mundart traulichem Klang –
wo ich mit Freunden einst scherzte,
in ihre treuen Augen sah;
könnt' wieder Veilchen pflücken am Hang,
dort wo ein Bächlein über Steine sprang.
Wie wär ich glücklich, vom Herzen froh,
denn meine Heimat liebe ich so!

Möcht' wieder sitzen nach Tagesmühn
auf uns'rer Hausbank, im Abendglühn
grüßen die Gipfel der Berge,
schaun in das weite, stille Tal.
Möcht nochmal heim, wenn die Rosen erblühn,
am Bach die Weide strahlt im Silbergrün.
Wie wär ich glücklich, vom Herzen froh,
denn meine Heimat liebe ich so!

(Vertont von Rudolf Lindner 1979)

Das Lied der Zwodau

Durch meiner Heimat liebliches Land
da fließt der Zwodau grau-silbernes Band.
An ihren Ufern, von Erlen umsäumt,
hab manche Stunde ich sinnend verträumt.

Hör ich der Flüsse brausenden Sang,
vernehm ich der Zwodau betörenden Klang,
ihr launiges Plätschern, dem oft ich gelauscht,
in lauen Nächten hat sie mich berauscht.

An Schätzen der Heimat noch übrig mir blieb
der Zwodau Geflüster, ihr murmelndes Lied.
Es klingt und lockt: kehr noch einmal zurück
in's Land deiner Kindheit voll sonnigem Glück.

(Nach einer Walzermelodie von Rudolf Lindner)

(Erstaufführung anläßlich eines Treffens der Schlesier, Böhmerwäldler und Egerländer in Waldkraiburg 1978)

Neue Heimat

Aus der Ferne, waldumrandet,
grüßt du mich, mein Heimatort
zu der Stadt, wo ich gelandet,
die mir nun ein trauter Hort.

Viele deiner treuen Kinder
fanden hier ein neues Ziel,
und sie freuen sich nicht minder
wie daheim an Sang und Spiel.

Sprechen ihre Mutterlaute,
wenn sie beieinander sind –
doch da ist das Neuerschaute,
sie sind neuer Heimat Kind.

Nur dein Antlitz, all das Schöne
haben sie sich aufgespart,
sehnsuchtstrunken deine Töne
tief im Herzen drin bewahrt.

Weihnachtsfreude

Man hat uns die äußere Heimat genommen,
wir wandten den Blick zur inneren hin –
neu zu beginnen schien ohne Sinn,
das Herz blieb zurück, woher wir gekommen.

Dann nahte das Fest des Friedens, der Freude,
das erste im fremden, ärmlichen Raum,
nicht bunte Kugeln, kein goldener Traum,
nur vom Hausherrn ein Stollen für die Herbergsleute.

Die Jahre sind wie die Blätter gefallen,
noch immer denkst du an Kinderglück
in weihnachtlich geschmückter Stube zurück,
doch ein stiller Friede liegt über allem.

In seine unermeßliche Weite
schließt du die Ahnen, die Heimat ein,
und im warmen, leuchtenden Kerzenschein
fühlst du des Lebens glückliche Seite.

Den Toten der Heimat

Wo einst im Dorf der Kirchhof war,
wo Blütenpracht die Gräber schmückte,
liegt jetzt der Namenlosen Schar,
die Zeit und Raum so weit entrückte.

Kein Kreuz, kein Hügel ringsumher,
nur noch verwittertes Gestein –
nicht Grabschrift, alt und inhaltsschwer,
zeugt dir von ihrem einst'gen Sein.

Du stehst an dieser öden Stätte
und hebst die Hände zum Gebet;
dir ist mit einem Mal, als hätte
der Geist der Toten dich umweht.

Als sprächen sie von Tag und Stunden
und mahnten flüsternd dich daran,
das ew'ge Ruhe sie gefunden
und Liebe niemals sterben kann.

Gedenken zum 4. März 1919

Ba meiner Geburt kåm's grod a sua hi(n,
da-ri am 4. März neinzeahn af d'Welt kumma bi(n.
Dåu hobm d'Leit scho(n am erschtn Togh in mein' Lebm
van Håß u van U(n)recht a Beispü(l gebm.

Seit da Schöllzeit sinn i scho(n drüwa nåuch,
stöll oft ua(n unan Herrgott d'Fråuch;
„Vawah mou(ß ållawaal af Er(d)n
u(n)schuldighs Blout vergossn wer(d)n?
Wåu a jeder woiß, daß ma am End
ålles im Goutn aasmåchen kännt!"

Woi mi(ch d'Fei(n)dsölighkeit kränkt,
koa-ri gåua niat sogn –
Sua schäi(n war's, täin sich ålla
unteranånna vertrogn!

Dorfsonntag daheim

's wår, wenn der Sunntigh kumma ies,
üm's Haus üm alles putzt,
ma Wawa is ban Fenza gsessen
u håut af d'Strauß oigutzt,

wenn d'Leit in ihrn schäin Sunntighsgwånd
san za da Kirchn zuagn,
u, wöi an Herrgott za da Freid,
d'Schwålm üwers Dooch san gfluagn.

's Kircherl ies am Bergh druam gstånd n,
hell wår san Glockengleit:
D'Meß fängt bål uan, kummt's jå neat z'spat,
schick's enk, 's wird häichsta Zeit!

Sua feierlich wår's Orgelspül
u hell håbm d'Löichta brennt,
der Pfårrer håut lateinisch bätt,
für d'Woch sein' Segn gspendt.

Die Kinner håbm am Namitogh
dörfm gschwind zan Zuckerbäcker laffn,
sich durt für fünfasiebzigh Håller
a schäins runds Zuckerstückl kaffn.

Am Tånzbuadn håut für d'gunga Leit
sich ålls üm d'Musich draht –
wåu ies döi schäina, trauta Zeit?
As Lebm håut sa verwaht!

Der alte Bauer

Vor sein Haisl af-ran Bankerl
sitzt, wenn's schäin is, ållawaal
an älter Låndsmuan, Michl häußt er,
mit'n Pfeiferl in sein Maal.

San fåltigs Gsicht is gout u friedli,
's gäiht nan jå weiter aa nix oo,
er schaut di uan, als täit er muina:
Koast's seah, wöi schäin da-ri's öitz ho.

Owa Leitla, in sein Aughan
stäiht aa nuch wos ånners gschriebm:
Fröiher woar i holt a Bauer,
va mein Huaf håbms mi vertriebm.

Ich koa ma Huimat niat vergessen,
gäiht's mir a öitza nuch sua gout;
ich koa's niat ändern, daß ma Sinna
mich Togh u Nåcht darinnern tout.

Ich siah mein Huaf u meina Wiesn,
die Fååller mit'n zeitign Korn,
ich traam davuan u fräigh mi öfter:
„Wos is nåuch uns as åll dean wordn?"

Der Herrgott wäuß, wöi mir oft ånt wird,
wöi meina Tagh bål wenger werdn –
wenn's gangt, nåuch täit i holt gern schlåufn
in gouta, ålta Huimaterdn.

Dreikönigsnacht

Man Großmutter, Gott låu sa sösligh rouha, håut vül Gschichtla u Anekdoten gwißt u recht spånnend dazühln kinna. Wöi's af unan Dorf nuch koa elektrisch Löicht gebm håut u d'Leit niat sua wöi heint vorm Fernseher hobm hockn kinna, dåu håut sich in der Dämmerung die gånze Nåchbarschåft in der Stubm angfundn u dåu is dischkeriert wordn.

Dös Gschichtl va da Halinga Dreikönigsnåcht håut ma Wawa immer wieder dazühln möin, wal's sua schäin schaurigh woar.

Es häußt, daß Schlog 12 in der Dreikönigsnåcht ålla Vöicha mitn Herrgott redn u ihra Beschwerdn vorbringa kinna u daß aa die Menschen, wenn sa lauschen, döi Språuch verstähna. Der Jäger im Wold verstäiht 's Wild, der Knecht die Pfaa u Ochsn, Köih u Schåuf u ålls, wos holt an Stoll bevölkert.

Mit zitternder Stimm håut ma Wawa va dean bäisn Bauern dazühlt, der niat uan sets „olwas Zeigh" håut glaubm kinna. Owa huimli is a doch in Stoll gschlichn u håut ghurcht, wos seina Vöicha über ihn dazühln. Dös Gebrumm, Gewieher u Gepfeif wår recht unheimli u g'spensterhaft u er håut z'erscht nix dras entnehma kinna. Nåuch san döi Töne immer lauter wordn u er håut ganz deitli die uinzelnen Stimmen ghäiert.

Grod woar der Ochs uan da Reih: „An gånzn Togh mou i mi rackern u schindn wöi niat gscheit, u mit dean bißl Träber u Haa wir i niat amal soot. Häit nan no ich amål vorm Pflough!"

Die Bleß git nan Åntwort: „Ich mou nuch in dera Nåcht

verenden. Wöi er mi mitn Steckn afn Kuap u in d'Lenden gschlogn håut, hob i zruckgståußen u dåu håut er in seiner blinden Wout mit a-ran schårfn Hieb man Ruckgrat brochen. Mit mir is's vorbei!"

A bisserl Hoffnung woar in der Stutn ihrer Stimm: „Wenn der bäisa Teifl uns häiern kännt, täit er sich amend über uns dabårma."

Die ånnern Vöicher låchen sa blåuß as.

Af uanmål fängt der Hengst hållaf zan wiehern uan u die ånnern werdn maiserlstüll: „Denkt's enk, af Filzschouhan håut sich uina zan Hurchen in unan Stoll gschlichen. Dean fåhrn ma heint in sechs Wochan in an föichtanan Sårgh zan Friedhof naus".

Der Bauer is sua daschrocken, daß nan bål schlecht wordn is. U wöi döi sechs Wochen üm woarn, hobm an seina zwoa Pfaa gleichgültig zan Friedhof gfåhrn.

A Gschichtl van Truderl

's Truderl is a årms Hascherl, wos seina Öltern durch a-ran Auto-Unfall verlåuern håut, owa af der ånnern Seit wieder reich, wal's ba goutn u rechtschåffenen Großöltern afwåchsen dörf. Der Großvåtter redt no in sein Eghalanda Dialekt u es gröift uin scho uans Herz, wenn er öfter amål sågt: „Der Herrgot söll ma no meina Gedånkn låua, man Ghäier u man Gseahns, bis's Moidl af eighanan Föißan stäihn koa."

Mir merkt's an Truderl uan, daß sa mit Löib dazuagn wird. Sie is brav u dazühlt ålls ihra Mama u ihrn Tata im Himml, wenn sa wos afn Herzen håut. Ma kännt vül dazühln üwa dös Moiderl u i muin holt, es ist a gråuß Glück, wenn ma in söcha treiherzigna Augn schaua koa.

Amål woars Truderl årgh trauri. Ihr Goldfisch woar gstorbm. Mitn Ruckn is a am Wåsser gschwumma u 's Moiderl håut's gåua neat begröifn kinna, daß in dean Vöicherl koa Lebm nimma woar.

„Großvåtter, dean möin ma holt begrobm. Wäußt was, mir toun in Gårtn a Groum asschaufln."

Sie legn in a-ra Schachterl schäins bunts Seidnpapier u Watta, dös Fischl vorsichtich draf u 's Truderl hult für's Begräbnis die gånzen Nåchbarskinner zåmm.

Zerscht hobm sa wöi d'Maulwürf a töif's Luach asghuabm, bis sa selwa hålb drinna gståndn san. Nåuch hobm sa sich vom Sparglbeet „Palmenwedel" ghult; Astern, Georginen u Rousn hobm aa druan glaubm möin.

In feierlicher Prozession, schäin långsam, mit Trauermienen, wöi sich's für Leidtragende ghäiert, is dös Fischl za seiner letztn Rouh trogn wordn, u wöi sa dean kluin „Sårgh" in d'Erdn gsenkt hobm, håut uina dös Lied uangstimmt: „Nun ade, du mein lieb Heimatland". Wos ånners is ihnen niat angfålln.

Kinnt's as glaubm, sua feierlich u würdevoll wird oft a Mensch niat begrobm.

Wöi ålles vorbei woar, sågt's Truderl, nuch gånz beeindruckt va dera Zeremonie: „Gål, Großvåtter, dös woar wirkli a schäina Leich!"

Der Zauber eines Buches

Ein kostbares Geschenk besonderer Art erhielt ich jüngst aus Freundeshand. Es ist ein längst vergriffenes Heimatbuch mit unvergleichlich schönen Landschaftsbildern, welche Kunde geben von der Vergangenheit in ihrem Auf und Nieder. Keine Gegend unseres Vaterlandes, die nicht in Bildern festgehalten wäre! Man muß Zeit haben, sich in die Seele Böhmens zu vertiefen. Sie reicht von den dunklen Höhen des Böhmerwaldes bis zum nordischen Isergebirge, von der erhabenen Bergwelt des Riesengebirges bis zu den fruchtbaren Äckern und Weinbergen Südmährens.

Du erklimmst im Geist den Arberggipfel mit seinen ewigtreuen Wäldern und spiegelst dich im wundervollen See zu seinen Füßen.

Du lauscht Smetana's Symphonie, die das Silberband der Moldau so unvergeßlich macht.

Du hörst geheimnisvolles Flüstern in alten Schloßgemäuern und gibst dich ganz der Mystik schöner Kirchen hin, von schaffensfrohen Künstlern einst erbaut zu unseres Schöpfers Ehre.

Du wandelst auf schmalem Bergespfad, siehst plätschernde Forellenbäche, die verschwieg'ne Schönheit einer alten Mühle, den Liebreiz mittelalterlicher Städte, friedlich rauchende Kamine, darüber zartes Licht der Lämmerwölkchen.

Du fühlst den Samt der Weidenkätzchen, atmest Duft von frischem Heu, steigst über wilde Brombeerranken und schmeckst das purpurrote Fleisch der Walderdbeere, das tausendmal so gut ist als jenes ihrer großen Schwestern.

O unvergeßliche, schöne Heimat!

Es waren schicksalhafte Stunden, als wir dich in tiefster Qual verlassen mußten. Den Haß am Wege wollen wir in stillem Leid vergessen, dir zuliebe!

Zita Ladwig, geb. Lorenz, am 4. 3. 1919 in Rothau Krs. Graslitz. Besuchte die Volksschule der Schwestern vom Hl. Kreuz in Eger und Komotau, die Bürgerschule in Rothau und Graslitz, die gewerbliche und kaufmännische Fortbildungsschule in Unterrothau und nahm an einem Mütterschulungs- und Rotkreuzkursus teil. Ab 1939 Kriegseinsatz in Berlin, 1942 Eheschließung mit Johannes Stefan Ladwig, einem gebürtigem Rheinländer, im Heimatort Rothau.

Ab 1942 Chef-Sekretärin eines namhaften Berliner Rüstungswerkes, das wegen der Bombenangriffe auf die Reichshauptstadt seine Produktion nach Schlesien verlagert. 1946 Vertreibung mit der schlesischen Ortsbevölkerung nach Halle/Saale, Anstellung als Sekretärin in einer Abtlg. des Innenministeriums Sachsen-Anhalt in Halle/Saale. 1948 Rückkehr nach Berlin, Privatausbildung in Kunstgewerbe (asiatische Applikationstechnik), Wandbehänge für Schulen und Portraits. Seit 1969 Mitarbeit an Zeitschriften und Anthologien. Veröffentlichte Werke: „Mascha" 1973; „Walderdbeeren" 1978; „Das Märchenschloß des Markus Frey" 1979; „Gedichtla u Gschichtla in der Muttersprâuch" 1979; „Waldkraiburg, neue Heimat nach der Vertreibung" 1980; „Moishe und Rachele" 1981; „Blumen am Wege" 1982; „Im Strom der Zeit" 1983.

Bildende Künstler aus dem Egerland

– Kleine Werkauswahl –

Franz Bergner: „Mütter trauern", Kriegerdenkmal am Friedhof in Heidelberg-Kirchheim

Franz Bergner: Brunnenplastik aus der Zeit an der Akademie in Prag

Walter Ehm: Maria Stock

Walter Ehm: Luditz

Walter Ehm: Luditz vom Schloßberg

ANTON GÜNTHER IN EHREN GEWIDMET.
AUSGASCHLOGN HOT A TREI'S HARZ
ERNST WEIS, JOACHIMSTHAL.

Ausgaschlogn hot a trei's Harz.
Sorgn un Müh un su monch'r Schmarz
wos'n auferlecht, sei vrbei.
's gong wie da Blümela in Herwist ei.

Fürsorglich worsch bei Tog un Nocht,
stets für's Wohl seiner Liebm badocht.
Nu deckts kühla Ard imm'r zu.
's liecht in dr Haamit un hot ewich Ruh.

Dei gadocht Harz, werd vo uns garn
sulong, bis aa amol werd warn,
daß dr Herrgott kimmt, dar socht: „Holt!"
An unr Harz is still aa un werd kolt.

Paul Günther: Aus einer Handschrift über Anton Günther, den „Tolerhanstonl"

Paul Günther: Die Körnereiche in Dallwitz bei Karlsbad

Wilhelm Hager: „Familie", Eichwald-Vertriebenensiedlung Illingen (Alusil; 2 m hoch)

Wilhelm Hager: „Der Arschgeiger"

Helmut Hellmessen: Egerländer Musikanten auf dem Heimweg

Helmut Hellmessen: Instrumentenbauer

Helmut Hellmessen: Spitzenklöpplerin

Birgit Keil bei einem Solo in „Dornröschen"

Prima ballerina

Schwerelos schwebt
sehniger Falter,
stumm
Rhythmus, Takt, Melodie
Empfindung gebend
aus bilderschaffender Seele.

Schritt, Geste, Mimik –
alle Muskelfasern
in Zucht zentriert
kraft tausendfacher Übungsmühe,
Verzicht,
innerem Verzehr.

Selige Ermattung
vollbrachter Hingabe –
gibst du,
Einklang findend,
Applaus.

Franz Wittmann

Birgit Keil aus Kowarschen – wie sie leibt und lebt

Hans Kuttner: „Vertrieben", Kreidezeichnung

Hans Kuttner: Kastelmühle bei Müllestau (Marienbad)
Aquarell 1934

Robert Löbl: Schloß Preitenstein mit Gibacht, Rentamt, Gutshof

Robert Löbl: Heimatort Netschetin mit Dobrawitz

Robert Löbl: „Am Staffelsee"

Emil Schneider: Grabkreuz mit heimatlichen Motiven: Sprudel, Hirschensprung, Hl. Katharina

Emil Schneider: Portaltüren einer kath. Kirche; links Michael in hebräischer Schrift „Keiner wie er", rechts Arbor-Spes-Unica „Baum unsere Hoffnung" (Entw. Köder)

Heli Schwalm-Trötscher: Sonnenblumen (Ölgemälde)

Heli Schwalm-Trötscher: Bildnis eines jungen Mädchens (Ölgemälde)

Alice Staudacher-Voit: Scherenschnitte aus dem Kalender der „Lebensfreude"

Alice Staudacher-Voit: Scherenschnitt „Egerländer Bauernhof"

Alice Staudacher-Voit: Scherenschnitt „Eulenmotiv"

Ilse Tutter: Linolschnitt „Über den Dächern von Kötzting"

Ilse Tutter: Linolschnitt „Motiv Theusing"

Ilse Tutter: Linolschnitt „Stadtkirche in Tachau"

Maria Julia Wanka: Pionierhütte

Maria Julia Wanka: Peace River Valley

Maria Julia Wanka: Überbleibsel einer Fence

Maria Julia Wanka: Schnee in Kanada

Über die Kunst

Die Kunst hat von jeher schon experimentiert, allein schon durch die Gegebenheit der verschiedenen Materialien, die ihr zur Wiedergabeform zur Verfügung stehen und die individuellen Begabungen der einzelnen, jeweils durch die Zeitepoche geprägten und sich dementsprechend ausdrückenden Künstler. Kunst ist individuell und auf keinen Stil festgelegt. Sie ist frei, aber kein Freiwild, denn auch die Kunst hat ihre Gesetzmäßigkeiten, an denen man sie messen kann. Ihr Maßstab ist nicht der Zwang, sondern die Liebe zu ihr; Kunst soll geben, nicht nehmen!

Welches sich Kriterien der Bewertung eines Kunstwerkes? Da ist die Linie, ob in Form einer Fläche oder Figur, abstrakt oder naturalistisch, da ist die Farbe in ihrem Reiz der Buntheit als Ausdruck der Wärme, Kälte, Harmonie und Stimmung; da ist die Idee, die Komposition zu einer Aussage, zu einer Anspache an den Beschauer werden zu lassen.

War der Künstler beseelt und der Beschauer beeindruckt, dann ist der „überspringende Funke" das, was die Kunst ausmacht, erreicht! Kunst muß volksnah sein, sie braucht das Publikum, und sie wird es haben, wenn sie ehrlich ist und nicht manipuliert wird. Sie braucht keine mit Fremd- und Modewörtern durchsetzte erklärende Traktate, um „in" zu sein – obwohl so mancher nach dem Sprichwort „Die Welt will betrogen sein" auch hier seine Erfüllung findet . . .

Die Liebe allein, die Freude am Schaffen sind die Bedingungen, welche die Kunst stellt. Kunst ist, was Spaß macht. Eben weil die Kunst frei ist, so viel Spielraum und Vielfalt bietet, ist der Reiz groß, nur in eine Richtung zu wandeln, die mit der Zeit eintönig würde. Sich ständig auf die Probe stellen, immer neue Aufgaben bewältigen, bringt Ansporn und Freude in das Schaffen und erhält die Liebe zur Kunst.

Kunst hat leise Flügel – wie das Glück. Zwang verscheucht sie beide.

Paul Günther

Otto Langmaier

D' Mutterspråuch verlernt ma' niat

Wer sua nåu(ch schöia dreißich Gåuhan
wiederamål in d' Hoimat kummt,
der fühlt se mutterseel'n verlåuan,
üb'råll is staad u(nd wöi verstummt.
Åll' Leit, döi durt san', 's is ka'm zon Gla'bm,
döi traua'se kam's Maal aaftou',
wöi aag'stülpt unter a Pud'lha'm,
kumma' s' oin vüa, höian ka'm zou.

Sie üwaleg'n a jedes Wörtl,
ob s'eppa niat scho'z'vül g'sågt hå'm,
u(nd ob's a Dorf is, a kloi's Örtl,
d'Leit traua niat, schau'n near allzåmm'.
Ma' därf's dian Leit'n niat üw'lne'ma',
sie leb'n in Angst u(nd in der Furcht
u(nd därf'n se' niat 's Maal verbrenna,
es kannt' jå saa', daß eppa hurcht.

Near hi' u(nd dåu is oina drun'er,
dian ma' nuch va daham aas kennt,
der g'fraat se uaser – 's is kua Wun'er,
daß der oin schüt'lt kräfte' d' Händ.
Der red't wöi selmåls, eghalandrisch,
wöi un'er Schnob'l g'wåchs'n san'. –
Ba uns dra's – wia'd 's oin månchmål andrisch –
wa'l 's måncha scheint 's vergess'n håb'm!

Nur ein Gerede

Wenn a Poar Stiefl, nu(ch sua schäin(n,
laut knarzn ban Spåzierngäih(n,
sågt glei(ch a Gsoogh, ba gung u(nd ålt:
„Döi san wåhrscheinli(ch nu(ch niat zohlt!"

Doch i(ch beweis dös hali-gwiß,
daß sua(r a Gsoogh niat richti is,
denn wenn oa(n dian wos wåuha wa(r,
sa knarzat doch ma(n Oa(n)zugh aa!

Döi Hitz

Valöibt sitzn s' Reserl u da Fritz
am Roi(n, grod in da gräißtn Hitz.
Gånz eng san se ümschlunga,
wöi's halt sua san, dej Gunga.

Dåu spürt da Fritz af seina Händ,
wöi grod a Tröpferl drüwa rennt.
Döi wiard mia(r doch niat woina?
Wos war denn dös für oina? –

Ea(r streichelt s' Reserl u sinniert,
draf moint ea(r: „Reserl, woi(n doch niat!"
U sie sagt draf: „Gäih, Fritz,
ich woi(n doch niat, – ich schwitz!"

Haaschneckn u(nd) Pfitschapfaa

D Haamohdzeit in Eghaland
is Enk sicher nu(ch bekannt.
Kam san d' Schiawala afglodn
afn gråußn Loitawogn,
tout da Måtz grodua nauchgechn
an Fuchsn glei mi(t)n Rammlrechn.
Dös spånna dann fei d' Kinna glei
u(nd springa wöist in d'Wiesn ei.
Öitza schimpft kua Bauer nimma,
wal doch s Haa in Bua(d)n scho drinna.
Barfaß rennt alls umadum,
burzlt, gecht u(nd) hupft dåu um,
Grilln u(nd Haaschneckn wear(d)n gfånga,
woi soll dåu der Togh nu(ch långa?
„Haaschneckn? – Dös gi(b)t's doch niat!"
röift dåu da Lenz van Nåchbawirt:
„Seit wänn solln d' Schneckn hupfn kinna?
Wöi solln denn döi im Haa umspringa?" –
„Dåu schau, dåu springa's!" röift da Wenz
van Soifnsöida, – „dåu schau, Lenz!" –
„Wos? – Naa – dös därf niat wåuha saa!
Dös san jå lata Pfitschapfaa!"

D' Strauchn

's Handschka-Nannerl, gscheit u(nd wief,
wollt in d' Schöll grod gäih(n,
doch dåu häiat se an Pfief
u(nd blei(b)t glei(ch draf stäih(n.
's wår da Schoustaboda-Måtz
mit aran schöin Bolln,
schmeißt nan, fångt nan wöi a Kåtz,
wöi hålt d'Kinna tolln.
D' Nannl moi(n)t: „'s ist häichsta Zeit,
kumm, miar möi(ß)n in d' Schöll!"
„Ätsch!" – sua zuahlt der va Freid
u(nd gäiht niat vo da Stöll.
„Ich? – na, na – ich mou(ß niat ei',
ich bin krånk, – des häißt",
sågt da Måtz zon Nannla glei(ch,
„ich ho d' Strauchn, wåißt!
Gäih near Du schöi(n selwa doa,
mål Dei' Krau(h)aföiß,
mål für mi(ch glei' aa a påar,
gäih near ei' u(nd g'nöiß!
Owa, wennst niat einerennst,
bist genau sua drua(n,
wennst ma Du Dein' Bärndreek schenkst,
dann stecka Di' ua(n!"

U(nd drum håt's Moiderl g'woi(n)t

A Moiderl sakrisch woi(n)t,
döi Äigla feiaråut,
u(nd niat near i(ch ho' g'moi(n)t,
sie wa(r in bitt'ra Nåut.

„Wer håt'n Dir wos tou(n,
da Sima vo da Bloich?"
Durt schleicht a. „No wart Bou,
Di(ch hau i(ch windlwoich!"
Hat er s' sitz'n laua?
„Dian wiar i(ch mir glei(ch kråll'n!" –
„Gäih(n laßt nan, – niat wåu(h)a, –
Dreek is in d' Aug'n ei'g'fålln!"

Marenko (Marschenko)-Polka

Als Böhmen-Mähr'n gehörte
zum alt'n Österreich,
da war'n noch alle glücklich,
war alles fuk und gleich.
Da war noch all's gemütlich,
da ging nix kreiz und quer,

das Ess'n appetitlich
und billig, bittesehr!
Die Hend'ln, Gans'ln, Schweind'ln,
die liefen umeindum
und drehten sich von selb'r
nicht mal in 'fanne um.
Ich hielt auf gute' Ess'n
ein ganz, ein großes Stück,
war darauf wie versess'n,
ich glaub' das is'a Glück.

Wenn ich im Polkatakte
mit Marschenko im Arm
so einen Sechs'r packte,
da war mir fuch'bar warm.
Vor laut'r Hupf'n, bitte,
hatt' Stirn ich voll von Schweiß,
mit Marschenko um Mitte
kocht' mir der Blut ganz heiß.
Nachdem führt' ich zum Platz'l,
von wo geholt ich sie,
macht' Bückling, gab ihr Schmatzl
aus Dank und Sympathie.
Ich kauft' ihr Sod'rwass'r
und ich nahm Pilsn'r Bier
für eine Krone fufzich,
war ich nicht Kavalier?

Denk heut ich an die Zeit'n
mit Marschenko, wie's war,
möcht' selbst ich mit mir streit'n,
weil mir zu spät war klar:
Von Schweinebauch mit Knöd'l,

Kolatsch'n mit viel Schmier
hab ich jetzt groß'n Schäd'l
und von die gute Bier
kriegt' ich an groß'n Ranz'n,
schnauf' schwer wie altes 'ferd.
Hab' ich gleich weg'n der Chanc'n
prompt dies und das entbehrt:
Wokurk'n früh um Sieb'n,
ess' Knoblauch im Akkord,
doch Baucherl ist geblieb'n
und Marschenko ist fort.

Powidl

Wenn sich drauß'n Feld'r leeren,
ob in Böhmen, Slowakei, Mähren,
ob in Podkarpatska-Ruß,
dann ist mit der Ernte Schluß.
Auf der Wies'n sind die Kiehe
und vorbei ist all die Miehe.
Powidl muß Babo koch'n;
doch der Veno macht so Soch'n! –

„Könnt' mich ärgern mit dem Frotz'n"
sogt die Babo. „Tote Spotz'n
hot' schmiss'n er in Powidl rein,
Drdlo, bist Du große' Schwein!"

„Aber Babo, laß' Dich tröst'n,
ich hab' g'meint es nur zum Best'n!

Spotz'n sein geleg'n auf Mist
und der Jendo hat s' erwischt,
schmeißt Spotz'n in den Grube rein;
hab' ich mir denkt – er ist ein Schwein!
Hab' ich Spotz'n zog'n raus
und sie bracht zu Dir nach Haus, aus!"

Böhmische Küche

Wiener Küche ist bekannt
wohl in aller Herren Land.
Doch, wer kennt die schöne Wien,
weiß auch, daß viel Böhm' sein drin'
und Köchinnen sind allein
gewe'sn nur von uns daheim. –
Sind gefohr'n auf Eis'nbohn
hin in Stadt, wo Stephansdom
und jede, was von uns, beweist,
was auf „böhmisch" koch'n heißt. –
Manche Leute sprech'n imm'r,
wenn von Küche, dann von Wien'r;
doch wenn Speis'kart'n man liest,
weiß man gleich, was böhmisch ist. –

Gleich wenn Kaffee tust Du trink'n,
willst Bucht'ln hab'n und Palatschink'n,
und Pepik denkt sich, wie konn sein,
das Marmelad' kommt innen rein? –
Hast Du Bucht'ln g'ess'n satt,

spazierst bißl in die Stadt. –
Von Prag verkauft ein Fleischhack'r
dort den Extrawurst und Knack'r.
Gehst hin zu ihm als alt'r Böhm
und bestellst Würst'ln mit viel Kren;
natürlich von die Debreciner,
weil schmeckt das bess'r als die Wiener.

Kaufst noch Wokurk'n und Stück Schink'n,
von Olmütz Quarg'ln, die was stink'n,
und Salami kaufst Du ein,
weil auf Nachtmahl bist allein,
und vom Bäck'r holst Du Bandur'n,
falls Nachmittag sollt' Mag'n knurr'n. –
Auf Mark', wo spielt die Flaschinedl,
kaufst Du dann Zwetschg'n ein für Knäd'l.

Siehst Du Körb'ln mit Marill'n,
was stammen von Elbtalvill'n.
Willst Du gesund hab'n Bauch,
nimmst Zwief'l mit und Knoblauch auch. –
Auf' Mittagess'n gehst' speziell
in' Wirtshaus rein oder Hotel.
Dort stellst Tasche in die Eck'l,
hast Appetit auf Schink'nfleck'l.
Herr Ob'r sogt: „Ein Moment wart'n,
ich bringen gleich den Speisekart'n!" –
Du fangst an darauf zu les'n
und denkst ob' sollst' Gulasch ess'n?
Siehst Du trag'n Reisauflauf-Schüss'l
und den Kompott von Ribis'l.
Höher ziehst Du Deine Nose,
riechst Du Paradeisersoße
und denkst dabei, wie enorm
schmeckt dageg'n vom Kaiser-Schmorr'n! –

Brez'n frisch von Steck'n,
Schkubank'n, Omlett'n.
Karree, Schweinebrat'n,
prima Fleischrollad'n,
Gulasch, – Szegetiner –,
Paprikasch auf Wiener –.
Liwanz'n und Karbonad'ln
trag'n herein dann schäne Mad'ln.
Picolo bringt ein' Karfiol,
dazu Salat von 'Fisol'
und Gerichte aus den 'fannen, –
Woss'r lauft im Mund zusammen!
Fräul'n Pepina geht g'rade fort, –
Fett lauft noch runt'r von die Bort,
und jetzt geht auch der Bohumil,
auf Schnurrbort pickt noch Pet'rsil'.
Ein Gast mit große' Ranz'n
will extra hab'n Vaganz'n.
Ruft er doch: „Mir ganz speziell
Semm'lwawa, – ab'r schnell!"
Ein and'rer, weiß noch nicht wo setz'n
und will Kartoff'lpuff'r-Plätz'n. –
Aber Du, nach Tradition,
bestellst Golatsch'n-Portion
und denkst, wer Golatsch'n b'stellt,
hat etwas von seine' Geld.
Frog'n Sie bitt'schön alle Frau'n,
wenn Sie mir das woll'n nicht glaub'n,
denn nur allerfeinste Speis'n –
weiß ich, wie sie alle heiß'n –
die hab'n vornehmste Gerüche,
weil stammen sie aus böhmisch' Küche!

Otto Langmayer, geb. am 14. 2. 1925 in Wiesengrund (Dobrzan); nach Volks- und Bürgerschule Besuch der Handelsschule in Pilsen; erste Anstellung in einer Bank. – Arbeitsdienst in Kuttenplan; am Spätabend des 16. April 1945 wurde meine Vaterstadt von 120 viermotorigen kanadischen Bombenflugzeugen in drei Angriffswellen mit 20 000 Stab-, 8000 Phosphor-, 360 Sprengbomben und zwei Luftminen infolge einer Verwechslung mit den Pilsner Skodawerken in Schutt und Asche gelegt. Während der Invasion (Bretagne) geriet ich in Gefangenschaft, wurde nach Regensburg entlassen und konnte nach monatelanger Ungewißheit in Rothenburg meine inzwischen ausgesiedelten Angehörigen finden. Seit 1949 bin ich beim Finanzamt tätig.

In der Heimat im Deutschen Turnverein, beim örtlichen Gesangverein und begeisterter Angler, war ich nach der Vertreibung vorübergehend bei der „Freien Volksbühne", und da es mir die volkstümliche Musik angetan hat, konzentrierte ich mich auf die Schrammelmusik – bis heute.

Für meine Amtswaltertätigkeit erhielt ich bereits 1953 das Ehrenzeichen der SL. Als Ansager und Rezitator bei Bunten Abenden etc. wurde ich zur Herausgabe meiner Schrift „Kuchlböhm und Böhmak'n" inspiriert (1960). Bei ungezählten Veranstaltungen in Deutschland und Österreich trug ich diese heiteren Verse vor, wie der Rundfunk und viele Heimatbriefe Beiträge aus diesem Bändchen brachten, das längst vergriffen ist.

Seit seinem Bestehen gehöre ich dem „Heimatkreis Mies-Pilsen e.V." als Kreisrat an, später als Vorstandsmitglied und seit über zehn Jahren als 2. Vereinsvorsitzender. Ich verfasse laufend Beiträge humoristischer und heimatkundlicher Art für den Heimatbrief „Land an der Miesa", für den ich inzwischen als Schriftleiter arbeite.

Franz Liebl

Haus der Kindheit

Den fleckigen Schindelhut
schief in der Stirn.

Verschlafene Fenster
blinzeln sitzweilestill.

Kachelofen.
Feuerfratzen am Deckengebälk.

Um die Petroleumlampe
Federnberg, Klöppelsack.

Burschenlärm überm Aussteuerfleiß.
Großmutter holt den Hoihmann.

Die Bodenstiege trägt in die Traumkammer.

Zwischen Hutzelsieb, Kalenderburg,
Harfe und Backtrog

singt das Bubenbett.

Wasser des Dorfbachs

Das Papierschiff und Rindenboot trug,
warm um Knöchel und Knie zog,
am Steg sprang, wo der Hecht stand,
breit in die Weiden brach, Wasserjungfernreich,
Sommeräpfel hertrug vom Nachbargrund,
schwarz im Brückenbogen schlief,

das im Bubenweiher schwoll,
Grundel- und Krebsversteck,
aufsang in der Weiherreuse und
tosend tiefstürzte am Dammwehr,
schaumbrausend, perlstiebend,
siebenfarben Licht war,

wild wurlend hinschoß
ins Tümpelbad, rang
mit den nackten
Kinderkörpern, in den Mund
klatschte, den Rücken bog,

fortsprang, überdrüssig, über
Kiesel und Schiefer hinlief,
friedlich vermurmelnd, und

ins Tal ausschwang,
das Wasser des Dorfbachs –

tauch ein
den Fuß,
das Knie.

Abend in der Bucht

Der Kahn des Tages legt an.
Schilfrohr wirft ihm das Schäkern
perlmuttener Monde zu.

Steig aus, Knabe, gib deine Münze
der Kröte an der Wurzelbank,
dann rückt sie zur Seite,

und du lehnst
an dem geborstenen Strunk,
der sich im Wasser besieht.

Einmal wirst du alt sein
und den Spiegel verstehn.

Verstoßener Hund

Taub, ein Auge,
feige und alt.

Soff nur die Lauge,
und die war kalt.

Birg nicht den Prügel,
ich bin dein Knecht.

Die Liebe hat Flügel,
und du hast das Recht.

Herbstabend

Der Steinacker gegen Wistersitz,
fliegende Flanken.

Die Hand der Mutter am Kuhhals.
Vaters Fäuste am Pflug.

Taldumpf das Hüthorn.
Aufglost das Dorf.

Silbern das Leitseil
heimzu.

Erdäpfel und Brennsuppe
feiern am Tisch.

Der Leierkastenmann

Den Radetzkymarsch für den Herrn Baron.
Eine warme Joppn krieg ich als Lohn.

Jetzt für die Köchin den Treu-Husar,
weil die Fleischsuppn so brockendick war.

Ja mei und die Kinder hinterm Zaun:
die roten Gsichter ganz Hörn und Schaun.

Alle paar Häuser quietschpumpelnd im Takt
die Kreuzer und Brotranftln eingesackt.

Beim Dustern in Strohschober oder in Stall.
Daheim – nirgends und überall.

Muß auch Leut geben ohne Stubn und Stand.
Morgen walz ich hinein ins Böhmerland.

Letzte Fahrt

Der alte Weiher.
Der Steg.

Stoß in das Grau
mit roten Augen.

Der Trog. Die Wellen.
Flirrende Grüngruft.

Fern über Palmen
die Türme von Prag.

Ein blauer Scherben
blinkt dich an Land.

Die Schmiede in Böhmen

Sprengt der Gaul,
Schaum vorm Maul,
querfeld daher.
Dem Huf fehlt ein Eisen.

Hängt eins an der alten Schmiede Tür.
Was gibst du, blasser Reiter, dafür?

Keltennot. Hussentod.
Schwedenleid.
Klappert das Eisen durch die Zeit.

Du Schmied – du Reiter – du grauser Spuk!
Dem Pferd ein Eisen – und Qual genug!

Es lahmt das Roß
fremdab vom Troß,
die Zügel schwer.
Sie fanden das alte Eisen nicht mehr –

und nicht die Schmiede in Böhmen.

Johannes M. A.

Ja, ja, Magister der Musen,
Sensemann-Scheucher:

Hau über dich nicht,
kriegst kein Dreck ins Gesicht . . .

Zwei Stunden nach Schüttwa,
vier Dörfer dazwischen,
sechs Säkula –

Dem du an die Gurgel sprangst –
ihm zollt der Kosmos.

Du weißt.
Ich weiß.

Vom Vogelkleide dein Pflug.
Ich tippe das in die Tasten.

Ackern wir weiter.
An der Furchenwende wiehert uns
Pegasus.

Johannes von Schüttwa (auch von Tepl oder Saaz) schrieb um 1400 die erste neuhochdeutsche Dichtung: „Der Ackermann aus Böhmen".

Folklore in Uppsala

Möchten Sie tanzen? fragt artig
die Musikstudentin in Tracht.

Im Gellen der Pfeife stell ich mich vor:
ein böhmischer Söldner Wallensteins.

Sie, Marketenderin, stibitzt den Codex;
schrill kreischt die Fiedel.

Wiegt meine Hand ihre Hüfte.
Streicht ihr Haar mir die Stirn.

Ihr Oheim heißt Alfred Nobel,
Bertha von Suttner meine Muhme.

Wir gestehen es glücklich.
Auf jauchzen Pfeife und Fiedel.

Noch

Geh durch die Windwand –
grün, blau die Stube.

Hier hing der Weihbrunn;
dir, den Hühnern, dem Herd.

Feucht die Asche, die Stirn.
Ich hebe die Hand,

weiß blüht und süß
der Honigbirnbaum.

Spätzeit

Kein Duino, kein
Verehrerinnenschwanz –
der Tagstreß frißt
den Libidoglanz.

Kein Reise-Reigen, kein
Mäzenatengehalt –
eine Steuernummer wird
im Betonblock alt.

Kein Verlegerfreund, kein
Elfenbein-Turm überm Land –
manchmal ein paar Abend-Worte,
an einer Zigarette verbrannt.

Coda

Geträumt
von Wien,
der Philharmonie –.

Ein Leben lang
zweite Geige
im Kurorchester Bad Dings.

Ja mei: zwei Kriege,
die Frau, das Haus,
der einzige Bub,
na laß ma's!

Nur zweite halt,
aber Musik,
verstehn S'?

Sommer für Sommer.
Der Winter zählt eh net.

Cello-Sonate

(für Prof. Josef Merz, Köckert-Quartett)

Der Garten vergißt
die Leiter der Lust
im goldnen Genügen.

Versöhnt umwölbt
der blaue Bogen
die Wandlung.

Gelöst
aus der Äste Irrsal
sinken die Sprossen.

Es herbstet.

Oktober

Igel sein –

Laubrausch,
Apfelschmatz –

Sonne im Stachelpelz,
Speckhaut darunter –

reicht für den Winter.

Franz Liebl, geboren am 28. 1. 1923 in Heiligenkreuz, Westböhmen; Gymnasium und Lehrerbildungsanstalt in Mies; Wehrdienst , Steinbrucharbeiter und Bauernknecht, Volksschullehrer, Studienrat; 1973 wegen eines Augenleidens in den Ruhestand versetzt.
Bisher 2 Bände Erzählungen und 7 Gedichtbücher; zuletzt „Zeitgitter" 1974, Verlag J. G. Bläschke. „Elegie für Flügelhorn" 1983, Verlag H. Delp.
Beiträge in Akzente, Neue Rundschau, Frankfurter Hefte, Jahresring, Jahrbuch für Lyrik, Ensemble, Neue Deutsche Hefte, Universitäts- und in- und ausländische Zeitungen, Zeitschriften und Funkanstalten.
Mehrere literarische Auszeichnungen, zuletzt Ehrengabe zum Andreas-Gryphius-Preis 1974.
Mitglied des PEN und der Künstlergilde.

Emil Magerl

O Land, mein Land

O Land, mein Land, wann wirst du wieder grünen
für mich, und Keime tragen, Saat und Frucht?
Wann wird das Schicksal seine Schulden sühnen,
die mich gejagt in heimatlose Flucht?

Die Scholle schläft und träumt von hellen Tagen,
da noch mein Pflug sie wendete und schnitt,
da sie zur Ernte volles Korn getragen,
die Fuhre, reich an Garben, heimwärts glitt.

Sie schläft und Heide wächst in ihrer Krume,
und Föhren sprossen auf und Haselbaum,
und Arnika, die gelbe Wunderblume,
spannt einen Teppich im verlass' nen Raum.

Die Lerche singt, der Häher schreit im Grunde,
der Ziegenmelker lacht im Erlenried.
Mein Land, ich denk an dich in weher Stunde
und preise dich mit meinem schönsten Lied!

(1974)

Solange noch

Solange noch die Sonne scheint,
weiß ich, wohin ich gehe!
Ein Schimmer hält mich ihr vereint,
wenn ich auch sonst nichts sehe!

Sie schien mir schon am ersten Tag,
da mich die Mutter brachte,
als ich an ihrem Busen lag
und schäkerte und lachte.

Sie leuchtete in diese Welt
vor Milliarden Jahren,
bis daß das Meer, das kahle Feld
von ihr gesegnet waren.

Da wuchs aus jedem Mutterschoß
das Leben hier auf Erden,
es tummelte sich klein und groß
in mannigfachem Werden.

Erkenntnis prägte neues Sein
im warmen Sonnenstrahle;
das Beste konnte Sieger sein
und herrschen in dem Tale!

Es sank in die Vergessenheit
was schwach war im Bestreben,
zu ändern seine Wesenheit,
sich selbst zu überleben.

Noch dauert diese Schöpfung an
bis in die fernsten Zeiten,
Notwendigkeit zwingt ihr die Bahn
und läßt sie vorwärts gleiten.

Ich hab's geschafft, du hast's geschafft,
das Schicksal sei gepriesen!
Es schenke unsren Erben Kraft,
die Kette zu beschließen!

(Um 1960)

Das Göttliche

Es schläft im Stein, den Es gegossen
aus der gesetzeseignen Kraft,
nachdem die Urknallfeuer flossen
und überquoll des Lebens Saft.
Die Gase schossen aus den Kratern,
es brodelt der Sternenball,
bis daß erstarrten in den Adern
das Erz und schimmernde Kristall.

Es träumt in Pflanzen, die gewachsen
vom Meere auf das Land hinaus,
als sich verschoben noch die Achsen
der Erde und noch stand kein Haus.
Es lebte im Innersten der Zellen
und ordnete der Vererbung Spiel,
es läßt die Knospen reifen, schwellen
und blühen mit der Ernte Ziel.

Erwacht im Tiere, das geworden
aus Stoff ein Wesen wunderbar,
es wohnt mit ihm an allen Orten,
bereit, zu wehren die Gefahr.
Es atmet in Millionen Arten
und eine ist der andern Brot;
die Erde wurde so zum Garten
des Widerstreits im Lebenstod.

Im Menschen wird Es selbst sich inne,
er weiß um Sendung und Geschick,
daß er die Übersicht gewinne,
gab Es ihm einen weiten Blick.
Zum Mitgestalter aufgerufen
ist er, zu aller Glück und Wohl!
Was auch die Weltgesetze schufen:
Es wirkt darin von Pol zu Pol.

(Um 1965)

Trost

Leben und Tod und Anfang und Ende
liegen in Gottes Hand;
daß sich das Leben steigernd vollende
hat er es ausgesandt.
Er ist die Kraft, die alles durchflutet,
die sich in allem regt,
er ist das Feuer, das alles durchglutet,
Himmel und Erde bewegt!

Nichts kann vergehen im Auf und Nieder,
Wandel ist alles und Tausch,
alles kehret immer wieder
atmend im Schöpfungsrausch.
Nirgends ist Ruhe und nirgends Verweilen,
wie das Bächlein zum Meer
muß das Leben hinuntereilen,
bis zur Wiederkehr!

Du und ich und Blüten und Blätter
schwinden im Winterlauf,
kommt dann der Frühling und warmes Wetter,
wachen wir wieder auf!
Liebe ist es, die das begründet!
Sie ist das Zauberwort,
daß sich das Leben neu entzündet
und blühet ewig fort!

Reichet die Hand mir, Gespielen alle,
und empfanget den Trost,
wie auch der Würfel des Schicksals falle,
wie auch ein jeder gelost:
Unschuldig bist du! Denn der dich geschaffen,
steuert das Rad der Zeit!
Wille und Einsicht sind deine Waffen!
Auf denn, stehe bereit!

(Um 1960)

An Deutschland

Deutschland, liebste Muttererde,
unser Glück und höchstes Gut,
Heil und Segen deinem Herde,
blühe Heldensinn und Mut!
Gläubig schließen wir den Reigen,
Haupt und Herz dir zugewandt:
Alle, alle sind dein eigen,
Deutschland, heilig Vaterland!

Nimmer wollen wir vergessen
was der Väter Fleiß uns schuf,
ihre Taten, unermessen,
trugen Glanz dir ein und Ruf.
Lobend schwillt im Sang der Meere
Vaterland dein hoher Ruhm:
Freiheit, Recht und Zucht und Ehre –
Deutschland, sei dein Heiligtum!

Laß in deines Reiches Gauen
ruhen auch mein Heimatland!
Edle Männer, holde Frauen
binden echter Freundschaft Band!
Ob im Norden, ob im Süden –
Kraft und Schönheit nun gedeihn:
Heil dem Geist, dem nimmermüden,
Deutschland, du sollst ewig sein!

(1938 in tschechischer Haft in Prag)

Vertriebener Bauer

Schreit ich über fremde Äcker,
über die Fluren hinaus,
denk ich an meine Heimat,
an ein Vaterhaus.

Alles dies hab ich besessen,
mitten im Acker der Welt
wurde mir alles genommen,
blieb nur das Sternenzelt.

Euch, ihr nächtigen Sterne,
klage ich mein Weh,
sprecht, ob ich meine Heimat
einmal wiederseh!

Tausend funkelnde Sternlein
wissen um meinen Schmerz;
will mich die Welt nicht verstehn,
hat doch der Himmel ein Herz!

(1946)

Vatriebm

Ma(n Eghalånd, di(ch mou(ß e låua,
mou(ß furt va diar aaf ålle Zeit!
O ga(b) s da Herrgott s war niat wåuha!
Dös war ma(n ållagräißta Freud!

Seit tausnd Gåuhan san ma drinna
in Eghalånd in Glück u Nåut,
s håut blöiht um u(n)s u una Kin(d)a
håbm gessn aas da Hoimat s Bråut!

Doch künna s Schicksål miar niat wendn,
da Herrgot selwa gi(b)t koin Råut –
dåu hülft koa(n Zweifln u koa(n Schendn, –
am bestn war s, miar war scho tåut!

Sua mäin ma furt u ålls is zrissn
wos aaf da Welt nuh schäi(n u gout!
Ich druck ma(n Harz u schau vabissn, –
dös gi(b)t ma wieda neua Mout!

Gröiß Gott du Bargh u Tool u Hüwl,
d gouta ålta Hoimatear(d)n!
Måchts zou dåu hintn Tüar u Riegl!
Am End kannt s nuh amål ånrascht wearn!

(1946)

’s Menschnlebm

Dös Lebm is kurz aaf deara Welt,
valaft in Singa u in Gschelt, –
kaam håut ma nuh wos Re(ch)ts in Si(nn,
is s hålwe Lebm dabaa scho hi(n!
Da oinze Tråust wos üwre bleibt,
trotzdem a aa nuh Schwoaß aastreibt,
is, daß döi Kin(d)a glückle lebm
u iahra Löichtl weitagebm!

Miar denkt aa mânchmål drüwa nåu(ch
wos miar nåu(ch)n Tåud amål wearn tåu(n,
doch nemats koa(n oin Aafschluß gebm,
a Rätsl bleibt da Tåud wöi s Lebm!
Drum is enk s Best, miar tout neks Schlechts
u denkt u föihert ålls nåu(ch rechts, –
kummts åffa wöi da Herrgott wüll,
an bravm Menschn wiard s a Gspüll!

Aaf zletzt is una Lebm a Traam,
a schäina gräina Epflbaam,
u kummt da Hirbst, fålln Blattla oo,
u du sinkst åffa ei(n in’s Gro(b.
Sua föllt u föllt hålt Stearn um Stearn,
bål(d blöiht, bål(d welkt döi ålta Ear(d)n,
bål(d winkt a Leid, bål(d låcht a Freud,
sua dauert dös in Äiweghkeit!

(1932)

Das Große

Alles Große ist einfach, das Einfache ist groß,
so wie es hervorging aus göttlichem Schoß,
und von den Gesetzen der Natur
gezwungen zum Licht auf des Lebens Spur!

Die Priester der Menschen glaubten allein
zum Hüter der Wahrheit bestellt zu sein,
sie schufen die Sagen- und Märchenwelt
und haben das Wunder sich vorgestellt.

Sie dichteten Himmel und Hölle dazu
und hatten bei Tag und bei Nacht keine Ruh,
die Rätsel zu lösen um sie her
und aufzufüllen was hohl und leer.

Da aufgeblüht jetzt der Lebensbaum,
durchziehen Raketen nun den Raum,
die scharfen Gedanken im Menschengehirn
überwanden die Schranken zu Himmelsgestirn.

Der Zufall und die Notwendigkeit
bewirken seit Anfang in Raum und Zeit
das Wunder des Lebens aus Stoff und Licht;
sie gaben den Wesen ihr Angesicht!

Emil Magerl: Ich wurde am 9. 3. 1912 als erster Sohn eines kleinen Landwirtes in Wusleben, Kreis Tachau, im Egerland geboren. Nach dem Besuch der Volks- und Bürgerschule erlernte ich in Altzedlisch das Schlosserhandwerk. Nach der Auslehre 1930 arbeitslos. 1932-33 Fernkurs für Journalisten und Schriftsteller in Bad Homburg. 1934 Teilnahme an der Volkshochschule des BdD in Schlaggenwald. 1934-36 Militärzeit in Brünn. 1937 bis zum Anschluß in tschechischer Haft in Prag. 1938-39 Führer im Reichsarbeitsdienst. Ab 1939 Kriegsdienst. Nach zweimaliger Verwundung als Kriegsblinder 1943 entlassen. 1942 Heirat in Mittelfranken. 1947 Umschulung als Telefonist und Bürstenmacher. Ab 1960 schriftstellerisch tätig. Seit 1949 Kreiskulturreferent der Sudetendeutschen Landsmannschaft. Bisher erschienen acht Gedichtbändchen. 70 meiner Texte sind vertont. Durch viele Jahre Heimatabende mit Wort und Zitherspiel. 1973 Verleihung der Adalbert-Stifter-Medaille. Mehr als 70 Gedichte spreche ich auswendig. Mein Lied „Gris-gras-gros" wurde zum Volkslied. Fünf Prosawerke liegen im Schubladen. Aus meiner Ehe gingen fünf Kinder hervor. Seit 1953 Eigenheim in Hohlweiler 17, 8533 Scheinfeld.

Josef Moderer

Mein Baum in Böhmen
(Erinnerung an einen Jugendfreund)

Immer, wenn der Frühling wiederkommt und die Kirschbäume blühen, muß ich an einen guten Freund denken, der mich durch die ganze Jugend begleitet und mir viel Freude bereitet hat.

Das war der Kirschbaum in unserem Garten, der gleichsam mit mir aufwuchs, denn auch er war noch jung, als ich mit unsicheren Schrittchen um ihn herumtrippelte. Mir kam er allerdings zu dieser Zeit wie ein gar gewaltiger Baum vor. Ich mußte den Kopf zum Nacken neigen, wenn ich zu den Blättern hinaufblicken wollte, die sich schier ununterbrochen und leise rauschend im Winde bewegten.

Aber auch der Stamm mit seiner glatten Rinde, die glänzte und sich so schön anfühlte, nahm alle Aufmerksamkeit in Anspruch. Liefen doch gar emsige Tierchen daran hinauf und herab, die man fangen konnte, und dieses Spiel war auch dann unterhaltsam, wenn man keine von den Ameisen bekam, weil sie flinker waren als die noch recht unbeholfenen und winzigen Finger.

Und wie wunderlich war es, als der Baum mit Kalkfarbe angestrichen wurde, so daß er helle Ringe trug und aussah wie im Bilderbuch das schwarz-weiß gestreifte Pferdchen, welches die großen Leute Zebra nannten.

Unter dem Kirschbaum lag während der schönen Jahreszeit mein Lieblingsspielplatz: Der Sandhaufen über einem zugeschütteten Brunnenschacht. Dort konnte man mit ein paar blechernen Formen mannigfache Kuchen und Torten aus feuchter Erde backen, stundenlang und geduldig, und das Blattwerk schützte vor der allzugrellen Glut der sommerlichen Sonne. Eine jubelnd begrüßte Erfindung war es, als die Schaukel befestigt wurde und ich mich zu den leuchtenden Kugeln emporschwingen lassen konnte, denen man dabei so nahe kam, daß man glaubte, sie greifen zu können, und die zu pflücken einem doch nicht gelang, weil man einen Augenblick zuvor immer wieder in die Tiefe zurückfiel.

Diese kleinen, roten Kirschkugeln, das war schon etwas sehr Begehrtes, obwohl es sich durchaus nicht um eine edle Sorte handelte, ja die Früchte eher sauer als süß schmeckten. Aber sie waren auf meinem Baum gewachsen, ich hatte zugesehen, wie sie vom grünen Klümpchen an immer größer angeschwollen waren – und wo auf der Welt gab es Kirschen, deren Heranreifen ich mit so viel Sehnsucht erwartet hatte?

Die Kletterversuche mißglückten jahrelang. Der Stamm war zu glatt. Doch endlich gelang es, dieses abwechselnde Umklammern des Baumes mit den nackten Beinen und dieses ächzende Hochziehen mit den Armen, dieses so oft und vergebens versuchte Kunststück, um das man die größeren Buben mit heißen Herzen beneidet hatte. Eines Tages saß man auf einem Ast, achtete nicht auf die abgeschürfte Haut an Händen und Füßen und trug ein Triumphgefühl in sich, wie ein Bergsteiger, der einen Gipfel bezwungen hat.

In diesen Erntewochen fiel der Lohn für all das vorausgegangene Bemühen reichlich aus. Man konnte sich die Kirschen zum ersten Mal selbst vom Baum holen, die größten und saftigsten, von den untersten und von den obersten Ästen, wo immer man sie nur erspähte.

Und wieder ein paar Jahre später war es so weit, daß ich gerne ein Reck im Garten gehabt hätte, und einen schmalen, waagerecht gewachsenen Ast entdeckte, den der

Kirschbaum von sich streckte, als reiche ein guter Freund die Hand dar, um meinen Wunsch zu erfüllen.

Vorsichtig wurde seine Haltbarkeit erprobt, und der elastische Ast war stark genug, um den Knabenkörper zu tragen und ihn schwingen zu lassen. Kniewelle, Kippe und Schwungstemme wurden daran geübt, und er hielt und ersetzte ein beliebiges Turngerät, dessen Anschaffung unerschwinglich gewesen wäre.

Geschah es aus Dankbarkeit dafür, daß ich mir im Wipfel meines Kirschbaumes eine Bank baute, auf die ich mich mit meinen Büchern zurückzog, um lateinische Vokabeln, Geschichtskapitel und Lebensläufe von Dichtern in luftiger Höhe zu lernen? Ich weiß es nicht mehr, doch dies stand fest: Am schönsten war der Kirschbaum immer im Frühling, wenn er die liebliche Last seiner Blüten trug. Dann leuchtete er schon am frühen Morgen durch das Fenster meiner Studierstube herein und ließ mich in den lauen Nächten oft lange nicht zum Schlafen kommen, wenn der Mondschein auf ihn herabfloß und die Pracht des Wipfels im Lichte schimmerte wie eine silberne Fontäne.

In einem solchen Lenzmonat habe ich mich droben auf meiner Bank im Kirschbaum an einem Liebesgedicht versucht, denn mein Herz war ob der Anmut eines Mädchens entbrannt, und so viel junges Glück und jauchzende Sehnsucht kann ja kaum einer bei sich behalten.

Das alles hatte ich meinem Kirschbaum zu verdanken, denn er hatte mir das Gedicht geschenkt und er gab mir am Abend, wenn ich zum Stelldichein ging, ein Blütenzweiglein mit, das ich meinem Mädchen brachte, wenn wir uns im Birkenwäldchen vor der Stadt oder auf einem der Berghänge trafen.

Und einmal, an einem späten Abend, als uns die Dunkelheit deckte, kam das Mädchen mit in den Garten, um meinen Kirschbaum zu besuchen, von dem ich schon so viel erzählt hatte. Sie lehnte an seinem kühlen Stamm und streichelte die niederhängenden Blütenzweige mit ihrer schmalen, schönen Hand. Seit dieser Nacht war mir der Baum geweiht, und es geschah mit einer innigen Art von Andacht, wenn ich noch manchmal in sein Astwerk hinaufstieg.

Es ist dies nicht mehr gar zu oft geschehen. Das Abitur machte mich reif, zum Studium in die Fremde zu gehen, und nahm mich von meinem Baum fort wie der Sommer die fertigen Kirschen, wenn der Frühling vorübergerauscht ist, dieses allzu flüchtige Sinnbild des Glücks.

Ebenso war auch meine Jugend plötzlich vorbei, und das Leben warf mich umher, und es vergingen manchmal Jahre, bis ich mein Vaterhaus und seinen Garten wiedersah.

Dann war mein Baum in Böhmen immer ein Stück weiter emporgewachsen, seine Äste waren stärker geworden, als gehörten sie nicht mehr ihm selbst; breit griff die Krone nach allen Seiten hinaus, und seine einst so glatte Rinde sah mich rauh und rissig an, wie ein Antlitz voller Falten. Befremdet stand ich vor dieser Veränderung und fragte mich, wo der schlanke Stamm geblieben sei, den ich noch vor Augen hatte, als hätte ich ihn gestern erst verlassen – und war erschüttert, weil mir der Gefährte meiner Jugend so alt vorkam!

An solchen Tagen sah ich in keinen anderen Spiegel mehr! Und dann fiel mir immer ein: Wie gut hat es doch so ein Baum! Er darf in jedem Frühling wieder blühen, als besäße er ein Elixier, das ihn alljährlich noch einmal zum Jüngling macht. Und wir?

Bei solchen Begegnungen hätte ich ihm dann am liebsten zugerufen: Blühe nur, mein Kirschbaum, ich will dich ja nicht beneiden. Du sollst immer wieder in deiner weißen Pracht stehen als ein schimmernder Traum vom Glück und als ein Träger vieler lieber Erinnerungen. Wie arm wären wir ohne sie! Ich verspreche dir auch, du guter Kamerad meiner Kindheit, daß ich vor deiner immer neuen Jugend nicht traurig werden will, sondern mich freue über deine Frische und über deinen Glanz!

Es ist wieder einmal Frühling geworden auf der Welt! Hebe die Säfte aus deinem erdverkrallten Wurzelwerk und lasse sie mit Macht durch dein Mark brausen! Es lebe, wer noch kann! Wohlan, alter Freund, blühe!

Der Baum des alten Bartl

(Eine Weihnachtsgeschichte)

Nach dem Krieg wohnten wir in der ausgebauten Dachkammer eines Spessartbauern, die wir mit Hilfe unserer Kisten, mit selbstgebauten Regalen und Liegestätten zugleich als Küche, Wohn- und Schlafzimmer eingerichtet hatten.

Kohlen gab es keine, Holz konnten wir uns nicht kaufen, und so ging ich jede Woche mehrmals in den Wald, um Fichtenzapfen zu sammeln, mit denen sich ein Feuer von jäher, wenn auch kurzer Heizkraft entfachen ließ.

Im Herbst wurde diese Beschaffung bedeutend schwieriger, denn nun galt es, so viel nach Hause zu bringen, daß nicht nur der Kaffee und die Kartoffeln damit gekocht, sondern auch die Wohnung wenigstens einigermaßen erwärmt werden konnte. Das war mit Baumzapfen und mit Rinde, die neben den gefällten Stämmen lag, nicht mehr zu erreichen. Wir mußten nun auch Reisig und Fallholz holen. Was auf dem Boden liege, so hieß es, das dürfe man nehmen, auch das Abbrechen dünner, dürrer Zweige sei erlaubt, nur nicht das Absägen ganzer Äste oder gar das von Bäumen.

So kam ein Winter heran, in dem der unersättlich gewordene Ofenschlund immer mehr Futter verlangte, während man auf dem inzwischen vom Schnee bedeckten Waldboden von Woche zu Woche weniger Verwendbares fand. Und im Advent, der von erwartungsvoller Freude erfüllt sein sollte, plagte uns die Kälte nicht weniger als der zur Gewohnheit gewordene Hunger.

Außer einem Knaben, der eben in die Schule eingetreten war, hatten wir noch ein nur wenige Monate altes Mädchen, dem das Bettchen fehlte, wofür ein Wäschekorb kein vollwertiger Ersatz sein konnte.

Alle diese Umstände waren überaus bedrückend, und in dieser Verfassung reifte in mir ein Entschluß, der dem Mut der Verzweiflung entsprang. Wenn ich schon nicht in der Lage war, dafür zu sorgen, daß an den Feiertagen ein reichlicheres Essen auf den Tisch kam, so sollte meine Familie nicht frieren! Und so zog ich eines Nachmittages mit einem Handwagen, auf dem Beil und Säge lagen, aus dem Dorf hinaus, ging einen steil ansteigenden Waldweg hinan, keuchte vor der ungewohnten Last des Wagens und trachtete dennoch immer weiter vom Dorf und seinen Einwohnern weg, um niemandem zu begegnen.

Indessen brach die Dämmerung herein, und ich mußte handeln, solange man noch etwas sah. Es dauerte nicht lange, bis ich einen Baum von der Art, wie ich ihn suchte, erspäht hatte. Eine nicht allzustarke Kiefer mit unregelmäßig gewachsenem Stamm und verkümmerter Krone, offenbar saft- und kraftlos, aber brennbar. Und darauf kam es an!

Ich stellte die Richtung fest, in die der Baum fallen sollte, schlug knapp über dem Boden eine Kerbe in das Holz und stemmte mich, als diese tief genug war, gegen den Stamm, bis dieser nachgab und ächzend niedersank. Dann hackte ich die Zweige ab, zersägte den Baum in Stücke, die der Länge des Wagens entsprachen, auf den ich sie verlud, warf das Astwerk darüber und stellte mir vor, wie viele Stunden diese Fuhre unsere Stube wärmen würde.

Als ich anfahren wollte, stand plötzlich der Flurhüter vor mir. Augenblicklich war es mir klar, daß er mich, durch den Arbeitslärm aufmerksam geworden, beobachtet hatte, um mich auf frischer Tat zu stellen. Er zückte Block und Bleistift, um meinen Namen zu notieren, und forderte mich auf, das Holz abzuladen. Mir war zumute wie einem Ertrinkenden, dem das Brett, an das er sich geklammert hatte, davonschwimmt. Ich schloß die Augen und sah die kalte Kammer mit dem Korb und dem Kind. Mein Traum vom Weihnachtsfest in einer warmen Stube wurde zerstört. Alles in mir wehrte sich dagegen, daß es wahr werden sollte, was der Flurhüter von mir verlangte. Es arbeitete fieberhaft in meinem Kopf, ich wollte Zeit gewinnen. Darum fragte ich, wem das Waldstück gehöre.

Die Antwort lautete: „Dem alten Bartl!"

Da mir nun der Name des Besitzers bekannt war, erklärte ich dem Aufseher: „Wenn dieser Wald Herrn Bartl gehört, dann gehört ihm auch das Holz hier auf dem Wagen. Ich werde es ihm also bis zu seinem Haus hinfahren, um ihm sein Eigentum zu übergeben. Sie können mitkommen und kontrollieren, ob es so, wie ich sage, geschieht."

Darauf war der Mann wohl nicht gefaßt gewesen. Er murmelte ein „Meinetwegen" in den Bart und ging voraus.

Als wir in das Dorf hinunterkamen, war es bereits Nacht geworden, aber das Firmament wurde vom Mond und von vielen Sternen erhellt. In ihrem Licht stand der alte Bartl, als ihn der Flurhüter aus der Wohnung holte, auf der Treppe vor seinem Haustor, wie ein Richter, der gerufen worden war, das Urteil über mich zu fällen. Ich sah zu dem Alten empor und harrte seines Spruches.

Der Flurhüter redete auf ihn ein, er hielt ihm den Notizblock hin und schilderte den Hergang der Tat in anklagender Weise.

Der alte Bartl sprach kein Wort. Er warf auch keinen Blick auf das Blatt mit meinem Namen. Dann fragte er mich: „Warum habt Ihr das getan?"

Da erzählte ich ihm, ohne etwas zu verschweigen und ohne etwas zu entschuldigen, wie es dazu gekommen war. Er hörte mir aufmerksam zu. Man spürte, daß er meine Aussage überprüfte.

Als ich zu Ende berichtet hatte, entstand ein langes Schweigen. Der Alte hatte den Blick zum nächtlichen Himmel erhoben. Es schien, als lausche er, um eine Stimme zu vernehmen, die ihm verkünden könne, was nun gerechterweise zu tun und zu sagen wäre. Auch mochte es ihm durch den Sinn gehen, daß einst ein Kind im Stalle zu Bethlehem nur mit Stroh zugedeckt worden war. Vielleicht sah er im Geist die Heiligen drei Könige, die auf ihren Kamelen aus dem fernen Morgenland dahergeritten kamen, um dem armen Knaben eine Gabe darzubringen.

Und plötzlich war es, als erwache der alte Bartl aus einem Traum. Mit einer abwehrenden Bewegung schob er den Flurhüter zur Seite, als wolle er den Mann und das, was dieser geraten hatte, von sich weisen. Dann trat er einen Schritt vor und rief mir zu: „Geht heim und heizt die Kammer für das Kind!"

Im Schein der Adventssterne zog ich den Weihnachtsbaum des alten Bartl nach Hause. Er hat uns damals am Heiligen Abend nicht nur die leeren Hände, sondern auch das dankbare Herz gewärmt!

Der alte Baum

Er steht, ein Überlebender, im Schlag.
Die um ihn waren, sind schon längst gefallen.
Er sah die Brüder sinken manchen Tag
und zittert leis, wenn fern die Äxte schallen.

Und doch weiß er, an ihm geht man vorbei.
Er ist zu alt, als daß man ihn befiele.
Jahrhunderte schon hört er Hirschenschrei
und wiegt den Birkhahn in der Morgenkühle.

Und weiß noch mehr: Da kommen Menschen oft,
sie sitzen unten, tief an seinem Stamme,
und reden laut, was sie erlebt, erhofft.
Am Abend leuchtet manchmal eine Flamme.

Dort ruhen sie und feiern nun ein Fest,
und Lieder finden her mit schwerem Klange.
Auf jedem Zweige trug er schon ein Nest
und hallte wider von dem Überschwange.

Und die als Kinder jüngst ihn froh bestiegen,
sie treten heiß und schweigend in den Tann.
Er sieht sie in dem weichen Moose liegen
und sieht sie weitergehn als Weib und Mann.

Die Sterne und der Mond sind seine Gäste.
Und vieles fiel ihn feindlich an, oh viel!
Er aber strafft das knorrige Geäste
und läßt geschehen rings um sich das Spiel

voll Sinn und Ursprung, Untergang und Sünde.
Als Lebensorgel dröhnt er im Gebraus.
Er steht und holt im Ansturm kalter Winde
zum Wuchse gegen neue Wetter aus.

Ende und Anfang

Nun schlug die Uhr das neue Jahr.
Wird's besser, als das alte war?
Weiß, wer durch seine Pforte tritt,
den Weg nach diesem ersten Schritt?
Es gibt gar mannigfaches Ziel
für eines jeden Schiffleins Kiel
und für uns Wandersleute auch.
Das war seit eh und jeh der Brauch
im Würfelspiel der weiten Welt.
Das Leben steigt, das Leben fällt.
Und es erweist sich immerdar:
Ein Ende auch ein Anfang war!
Ist Einer, der mit weiser Hand
ein Schicksal an das andre band,
als gäbe er ihm das Geleit.
Er meistert uns auch diese Zeit!

Frühling in Franzensbad

Nun ist dem Park die große Pracht zuteil
und er vergibt sie ganz und gibt sie gerne.
Kastanien heben ihre Kerzen steil
in das Gezelt gezackter Blättersterne.

Und um des Rasens sanft geschwelltes Bett
reiht sich das farbenreiche Blütenwunder:
Stiefmütterchen, orange und violett,
der Rotdorn und der leuchtende Holunder

erfreun den Gast, der mit gelassnem Tritt
vorbei am Fallen der Fontänen schreitet,
in das der Glanz der Sonne zitternd glitt.

Die Stille ist in jedes Ding geleitet.
Dann lauschen jäht am Teich die Schwäne mit,
wenn sie Musik, verhalten, überbreitet.

Vorfrühling im Park

Bald wird der Park, von grünem Wall umringt,
von seiner Hecken hellem Überschwang
als Insel einer Stille auferstehn,
die nur gestört wird von dem leisen Klang,

mit dem der Schwan durch seinen Weiher dringt,
vom Klopfen eines Spechts und vom Gesang
der Liebenden, die in die Sterne sehn
und glücklich werden: Ihren Frühling lang!

Menschliches Mysterium

Lange Jahre habe ich nachgedacht
über unsres Daseins kurze Nacht.

Warum scheinen Sonne, Mond und Stern?
Warum ist der Himmel uns so fern?

Warum hat die Liebe solche Kraft,
daß sie Gutes und auch Böses schafft?

Warum ist die ganze Welt so grau
ohne das Geflüster einer Frau?

Warum springt die Blume aus dem Grund,
warum welkt im Herbst der Garten, und

warum geht der Mensch im besten Jahr?
Was ist weise, was ist falsch, was wahr?

Alles Fragen hat mich nur verwirrt,
immer tiefer hab ich mich geirrt.

Und nun frag und grüble ich nicht mehr,
laß geschehn die Wunder um mich her,

schaue nur noch zu, still hingewandt
wie der alte Baum am Wegesrand,

der das alte Walten ringsum nicht begreift,
doch in seiner Mitte steht und reift.

Josef Moder wurde am 7. Juli 1909 zu Graslitz im Erzgebirge geboren, wo er das Gymnasium besuchte und dann als Redakteur tätig war. 1932/33 besuchte er den Abiturientenkurs an der Lehrerbildungsanstalt in Komotau und war anschließend als Erzieher in und bei seiner westböhmischen Vaterstadt tätig. 1939 erfolgte seine Einberufung zur Wehrmacht. Nach dem Krieg war Josef Moder Verlagsschriftleiter in Wien bis zur Übersiedlung nach Bayern, wo er 1948 in Mespelbrunn im Spessart ansässig wurde. Dort war er Mitarbeiter im Feuilleton und im Lokalteil der Tagespresse. 1952 bis 1956 wurde er in Frankfurt am Main wieder in den Schuldienst eingestellt. 1956 ging er als Lehrer nach Kleinostheim bei Aschaffenburg, wo er seit seiner im Jahre 1970 erfolgten Versetzung in den Ruhestand lebt.

Zu seinem mehr als zwanzig, zum größten Teil vergriffenen Veröffentlichungen zählen Lyrikausgaben, Prosasammlungen und Jugendbücher. Dazu kommen zahlreiche Abdrucke in Zeitungen, Zeitschriften, Kalendern und Anthologien. – Er ist Mitglied des „Fränkischen Schriftstellerverbandes", der „Esslinger Künstlergilde" der „Regensburger Schriftstellergruppe" und des „Adalbert-Stifter-Vereines" in München. 1970 erhielt er vom „Heimatverband der Graslitzer" dessen Verdienstmedaille für kulturelle Leistungen und im Jahre 1972 wurde er von der Sudetendeutschen Landsmannschaft mit der Adalbert-Stifter-Medaille für seine literarische Leistung ausgezeichnet. In vielen Städten hat Josef Moder in Autorenstunden aus eigenen Werken gelesen.

Dichtung ist dem Verfasser nach eigener Aussage „wortgewordener Widerhall des wesentlichen Geschehens unserer Umwelt, und wo sie echt ist, wird sie ein edles Echo des Bleibenden sein."

Margarethe Pichl

Wir alle haben gebrochene Flügel
mehr oder weniger
die meisten lahmen irgendwie
zuviele sind halb blind
zuviele haben steinerne Herzen

sind nicht alle zu schwer an den Füßen
und zu sehr ohne Hoffnung
für die Leichtigkeit
und die Sicherheit
für einen freien Flug?

fragen nicht alle:
warum?

trauern wir nicht
verlorenen Illusionen nach
verlorener Liebe
verlorenem Glück?

wer hat nicht
verloren?
wer hat nicht geträumt
gewünscht
heiß gewünscht
und ersehnt?

wir alle haben gebrochene Flügel
mehr oder weniger
und schleppen uns doch weiter
weil wir weitergehen wollen
weiter hoffen, weiter lieben
ja

laßt uns vor allem weiter lieben
denn wer liebt ist stark und gütig
und wer gütig ist
ist unbezwingbar
auch mit mehr oder weniger
gebrochenen Flügeln.

Eines Tages werde ich anhalten
und ich werde mein Leben betrachten
und das
was ich daraus gemacht habe.
Ich werde meine Hände fragen
habt ihr genug geschafft
Ich werde meine Augen fragen
habt ihr genug gesehen
und meine Ohren werde ich fragen
habt ihr fein genug gehört
Auch mein Herz werde ich fragen
hast du genug gegeben
geholfen und getröstet
hast du genug geliebt?

Was
werde ich tun
wenn es nicht genug war?

Wo
finde ich Dich
Mensch
Freund
Du
vor dem ich die Maske meines Gesichtes
abstreifen kann
dem ich die Glut
meines Herzens
die Transparenz meiner Seele
die Maßlosigkeit meiner Träume
die Urkraft meiner Hoffnungen
offenbaren kann
und der auch wissen darf
um meine dunklen Stunden
um Verzweiflung
und Hoffnungslosigkeit

Wo
finde ich Dich
vor dem ich
ohne Maske stehen kann
zu dem ich
ohne Maske stehen kann
Du
lege Dein Herz
auf den Tisch
damit ich das meine
dazulegen
kann.

Gibt es noch weiße Tauben?

Die weiße Taube war immer
das Zeichen des Friedens.

Lange habe ich
keine weiße Taube mehr
gesehen.
Vor langer Zeit schon
waren sie grau
und grau mit schwarz
und nun sehe ich nur noch
Krähen
große schwarze Krähen
in großen schwarzen Scharen.
Laut und heiser
klingt ihr
Schrei
und ihre unzähligen Schwingen
verdunkeln die Sonne.

Wie kann es Frieden geben
wenn es keine weißen
Tauben mehr gibt?

Aber es muß sie noch geben
die weißen Tauben
es wird auch wieder
Friede
sein.

Eine Brücke möchte ich sein
über die kleinen reißenden Bäche
über die breiten gefährlichen Ströme
über Hohlwege
über Schluchten und Klüfte.

Eine Brücke möchte ich sein
zwischen den Menschen
zwischen den heimatlosen
zwischen den verlassenen
zwischen den verlorenen.

Eine Brücke möchte ich sein
für die anderen
für die, die niemand liebt
für die einsamen
für die verzweifelten
die ratlosen

Eine Brücke möchte ich sein
über die man sicher gehen kann
in einen neuen Tag
in ein neues Land
voll Hoffnung
und Zuversicht.

Das ist meine Freiheit
daß ich mich entschieden habe
für Dich
den anderen
der Du allein bist in Not
und Traurigkeit
den die Angst umfangen hält
der des Trostes bedarf
und der Liebe.

Und wenn es nur ein Stück des Weges ist
das ich mit Dir gehen kann
ein kleines Stück nur
so bist Du doch nicht allein.
Ich will Dir zur Seite stehen
ich will Dir mit all meinen Kräften
dienen.

Das ist meine Freiheit
daß ich mich dafür entschieden habe
da zu sein für Dich
wer immer Du bist
und wann immer
Du
einen Menschen brauchst.

Immer wieder
berührt mich der Herbst
seine stille Schönheit
seine Harmonie
sein Sinn.

Wieder schließt sich der Kreis
wieder einmal
und ich schaue zurück
und nach vorn.

Bald wird ein neuer
Kreis
beginnen
und er wird richtig sein.
Und wie die Wetter
des Jahres
und des Lebens auch fallen
und treffen

wir sind ein Teil von allem
ein Teil nur
das wollen wir nicht vergessen

und nur in der Harmonie
im Gleichklang
mit dem Großen und Ganzen
liegt unser Glück.

Viel zuviele
wohnen nur
irgendwo
viel zuviele Menschen
sind ohne Heimat
sind ohne Boden
unter den Füßen
sind ohne ein Tal
der Kindheit
sind ohne Berge
ohne Bäume und Blumen
und Quellen
ohne ein brandendes Meer
in ihrem Herzen
sie haben ihre Wurzeln
nicht mehr
in der Erde
in einer Gemeinschaft
und sind ohne
Zugehörigkeit
Viel zuvieler Menschen
Wurzeln
starren
ins Leere
klammern
im Nichts
woher soll ihnen Kraft
zuströmen
woraus wollen sie schöpfen
immer aufs neue
wenn sie ohne
Quelle
sind

Frage einen Menschen
nach seiner
Heimat
und er sagt dir
wie reich er ist
oder wie
arm.

Eine Heimat haben
das ist eine Wurzel
eine starke
Pfahlwurzel
in die Tiefe unseres
Seins
der große
unsichtbare Halt
in den Stürmen des Lebens
der tiefe Brunnen
aus dem wir immer neu
Kraft schöpfen
unbewußt

eine Heimat haben
das ist eine
Quelle
die uns speist
ein Leben lang

eine
Heimat haben
das ist das meiste

ungezählte Menschen
wird die Heimat genommen
irgendwo auf der Welt
jeden Tag
ungezählte Menschen
haben nicht mehr ihre
Heimat
– so wie ich –
haben eine 2. oder 3.
Heimat
– so wie ich –
und das ist
viel zu wenig

Eine
Heimat haben
das ist das
meiste.

Dea(r, wos amål ma Elternhaus er(b)n wia(r)d
is a tschechischer
Bou
grood åcht Gåu(h)a ålt
öitza –
u grood åcht Gåu(h)a ålt
woa(r i(ch
seinerzeit
wöi ma fort hå(b)m möi(ß)n.

Ea(r u i(ch –
im gleich'n Haus
san ma af d' Welt kumma
in mei(n)'m Elternhaus
in sei(n)'m Elternhaus.

Wöi v(ü)l liegt dazwisch'n!
owa mia(r zwoa
kenna nex dafüar.

Ria(d)n kemma a niat
mitanån(d)er
wal ea(r kua Wörtl daitsch red't
– wöi's heint üblich is –
u i(ch
kua koa(n Bräisal bäi(h)misch
– wöi's halt damals sua wå(r. –

Dåu stenga ma
u schau'n u(n)s ua(n
u er winkt ma nåu(ch
woi i wieda göi(h.

Dea(r, wos amål ma Elternhaus er(b)m wia(r)d
is a tschechischer Bou,
Mirko hoißt ea(r.

Dreihun(d)a(r)tfi(n)f Fotografien
o(w i håia g'måcht
daham
vurichs Gåu(h)a
wårn's niat v(ü)l
wenigher
wenn i(ch åll's z'ammazüh(l
Himml
s kinnt sua etlich's
'åmm
åll's
åll's is
' Hoimat –
' Haisa(r
döi poa(r, döi nu(ch sen'
d'Gartnzai(n
an Nachbår'n sa(n
Weißzwetschga-Baam
n da schänst'n Blöi(h
im Schöllgå(r)tn
' Hullastau(d)n
olla schwa(r)za Bäia
d'Buttaroll'n
ick u gel(b
n da Wies'n
åll's u åll's.

Owa wenn i(ch dånn am Bargh
sitz
am Wåld
houch üwa(r)n Durf
u schau
weit
u traam
bis's wöih tout
u wenn ma's Herz
sua leicht is
u sua schwaa(r –
wenn i an Ea(r)dschwårm
lausch'
u da Wind blaast sua frei
dåu is ma
wöi nä(r)ghats af dera
Welt
dåu woiß i(ch)'s
da(ß i(ch wieda(r kumm'
wal i(ch dees, wos ma Herz
dåu daham
häiat
u siaht
u traamt
niat fotografia(r)n
kua.

Margarethe Pichl, geb. Wolf, geb. am 15. April 1937 in Luck, Kreis Luditz. 1946 im Rahmen der Vertreibung mit den Eltern ausgesiedelt nach Bad Kissingen/Bayern, dort 7½ Jahre im Flüchtlingslager. Besuch des Gymnasiums; Lehre im öffentlichen Dienst; berufstätig als Verwaltungsangestellte, Chefsekretärin, Schulsekretärin. Seit 1959 verheiratet mit Erich Pichl aus Saaz/Eger, zwei Kinder.

Ihr Interesse, ihre Liebe gehört allem Lebendigen, Lebenden: den Menschen, Pflanzen, Tieren, und ihr Glaube an das Gute und Schöne ist grenzenlos. All das spiegelt sich in ihren Ölbildern, die in intensiven Farben Landschaften, aber auch Themen wie Leid, Schmerz, Einsamkeit, Hoffnung darstellen. Farbig und direkt ansprechend sind auch ihre Gedichte, die in einem Bändchen zusammengefaßt sind mit dem bezeichnenden Titel „Das ist meine Freiheit" (Herausgeber: Karlsruher Bote, 1983). Ihr Weg und Werden geht weiter.

Margareta Pschorn

Das Holzhacker Soferl und der Jager Girch

„Huh", denkt das Holzhacker Soferl, „da habe ich aber einen schlechten Platz erwischt, so eine zugige Ecke hier auf dem Stand."

Es drückt sein Kittelchen eng an sich, denn der Wind plustert schon wieder gar so garstig von unten herauf.

„O, mir ist kalt. So ein Weihnachtsmarkt ist kein Vergnügen, zumal, wenn man nicht weiß, wie lange man hier stehen muß und was noch alles mit einem geschehen wird."

In dichten, wallenden Wogen schieben sich die Menschen die Budenstraßen auf und ab. Die Kinder schreien:

„Zwetschgenmannla! Zwetschgenmannla! Mama, schau, geh kauf ma halt a Zwetschgenmannl!"

Das Holzhacker Soferl möchte so gerne einmal nach der Frauenkirche hinüberschauen, denn dort staunen die Kinder in eine Krippe hinein. Als daheim in der Stube das Bärbela, ihr, der Sofie, das Kreppapierkittelchen anzog, da hatte es etwas gesagt von der hl. Mutter Maria, die mitten auf dem „Kindlesmarkt" sitzt und ihr Kindlein wiegt. Aber das Umdrehen ist für die Sofie sehr schwer.

Jetzt kommen zudem noch die Schneeflocken daher und stieben wie wild in die Augen. Puh!!! Welch ein Windstoß! Das Soferl meint zu fallen.

Die Weber Stasi fängt es gerade noch auf:

„Bleib stehen, dumme Urschel!" Sie stellt das Soferl so fest auf die Beine, daß ihm die Füße in den Holzpantoffeln schmerzen. Aber es hat dieses Weh auch sein Gutes. Das Soferl ist so um ein ziemliches Stück unters Budendach hereingekommen. Hier zieht es nicht mehr so stark. Allerdings steht es hier nicht mehr abgesondert, sondern mitten unter einer Kompanie von Zwetschgenleuten: Kaminkehrern, Straßenfegern, Bäckerbuben, Brezelfrauen und allerlei Gesinde wohl auch.

Leise fühlt sich das Soferl von der Seite angestipst:

„Mach kein Aufhebens, du," sagt eine männliche Stimme. „Ich bin der Jager Girch, dein Nachbar hier. Einer vom Stamm der Zwetschgenleut. Ich beobachte dich schon lange. Du gefällst mir. Es wäre schön, wenn wir beide von hier fortgehen und immer zusammenbleiben könnten. Möchtest du das auch?"

Das Soferl überlegt eine Weile. Es schaut zunächst den Jager Girch musternd von der Seite an. Er ist schon ein strammer Bursche. Er steckt in grünen Hosen und Wadenstrümpfen, hat feste Schuhe an den Füßen und einen Rucksack auf dem Buckel. Was das Verwegenste an ihm ist: er trägt einen Jagershut mit einem weißen Adlerflaum darauf. Er gefällt mir eigentlich schon, denkt das Soferl. Darum sagt es: „Nun ja, wenn es dort wärmer ist, wo wir hinkommen, gehe ich gerne mit."

Ein beleibter Mann schiebt sich an die Verkaufsbude heran. „Die zwei Zwetschgenmännla da möcht ich, das Weiberl und den Jagersbuam!" Aus der großen, bunten Schar der Zwetschgenleute fischt er sich ausgerechnet die beiden heraus. „Die sind grad recht für meine zwei Enkerln: das Weiberl für den Buben, das Mandl fürs Madl." Es geht sehr schnell mit der Verpackung. Der Bauer will kein großes Aufhebens. In einem Rucksack verschwinden das Soferl und der Girch.

Im Schneetreiben des Christkindlesmarktes zu Nürnberg verliert sich der Bauer.

Niemand weiß zu sagen, was aus ihnen allen werden wird.

Weihnacht der Kindheit

Es geht mit dem Kinde die Mutter
im Abend, er leuchtet brennrot:
„Gelt, Mutter jetzt backen die Engel
im Himmel zur Weihnacht das Brot?"

„Ja, Kindchen, die heiligen Feste
sie sind für die Menschheit ein Glück.
Im Glauben laß nie dich beirren.
Ans Mutterwort denke zurück.

Und denke in wievielen Nöten
der Herrgott ihr Helfer schon war.
Die Menschen verlassen uns meistens,
droht je eine Not und Gefahr.

Du wirst es bald selber erfahren.
Gar weit ist sie nicht mehr, die Frist.
Doch jetzt, du, mein Herzchen, dich freue,
weil Weihnacht und Lichtwende ist!"

Schlimpsi und Schlumpsi, die beiden Mäusebrüder

Hinter dem Dorfe auf einem großen Feld lebte einst eine Mäusefamilie: Papa und Mama Maus und ihre beiden Kinder Schlimpsi und Schlumpsi. Diese Mäusefamilie war gut und anständig und deshalb sehr beliebt bei den Mäusenachbarn.

Papa Maus war der Lehrer der Feldgemeinde. Jeden Tag lief er fein säuberlich gestriegelt und geputzt in seine Mäuseschule. Die Mäusekinder freuten sich, wenn sie ihn sahen. Sie spitzten die Ohren und drehten die Schwänze.

Mama Maus war eine tüchtige Hausfrau. Sie fegte die Stuben und Kammern ihrer geräumigen Erdwohnung, daß es überall ordentlich blinkte.

Schlimpsi und Schlumpsi, die beiden Mäusekinder, gingen noch nicht zur Schule. Jeden Morgen saßen sie vor der Haustür im Sonnenschein und sehnten sich nach der weiten Welt. Besonders Schlimpsi wollte gerne einmal mit seinem größeren Bruder hinaus ins Land marschieren. Immer nur unter Papas und Mamas Aufsicht zu sein, das gefiel ihm schon lang nicht mehr.

Mama Maus war sehr ängstlich. Sie hatte Sorge, ihre Kinder könnten von einer Katze gefressen werden oder in die Fänge eines Raubvogels gelangen. Deshalb schaute sie bei ihrer Arbeit immer nach ihnen und piepste: „Schlimpsi, Schlumpsi, seid ihr da?" und die beiden lachten und piepsten zurück. „Aber freilich sind wir da, Mama, wo sollten wir denn sonst sein!"

Eines Tages, als Mama Maus einkaufen ging, vergaß sie

den Schlüssel zweimal im Schloß umzudrehen. Schlimpsi bemerkte es sofort. Er lief zur Tür und klinkte auf. „Komm, Schlumpsi!", rief er seinem Bruder zu, „wir gehen jetzt auf Wanderschaft." Er sprang ganz schnell über Ackerkrumen und Grasbüschel, sodaß ihm Schlumpsi kaum folgen konnte. „Bleib da!", warnte Schlumpsi, „denk an die Katze!"

„Ach was", piepste Schlimpsi. „Wir gehen ins Dorf. In des Krämers Keller gibt es feine Sachen. Da suchen wir uns etwas aus."

So huschten die beiden durch die Gassen bis zu des Krämers Keller. Oh! hier hingen die geräucherten Würste und Schinken. Hier standen Kisten mit Butter und Schmalz und Säcke mit Mandeln und Rosinen. Verlockend duftete es nach Käse und anderen Kostbarkeiten. Hinter einer Kiste versteckt, spitzten die Mäuse die Ohren. Da sich nichts regte, setzte sich Schlimpsi ganz keck in einen Topf mit Schokoladencreme hinein. Er schleckte und leckte voll Wonne. Schlumpsi aber paßte auf. Sein Herz klopfte aus Angst um den kleinen Bruder.

Und da stand er auch schon, der große, schwarze Kater mit den grün schillernden Augen. Schlumpsi quietschte. Es sollte eine Warnung sein. Doch Schlimpsi hörte nichts.

Der Kater kam näher. Auf leisen Pfoten schlich er durch den Keller. In seiner Angst um seinen Mausebruder kletterte Schlumpsi an einem Seil hoch zur Decke. Blitzschnell zernagte er einen Strick. Plumps, fiel ein großer Korb herab, gerade über den Topf mit Schokoladencreme. Nun konnte der Kater den kleinen Schlimpsi nicht fressen.

Die Maus saß ängstlich unter dem Korb und der Kater stand davor. Aber ewig konnte der Kater auf Schlimpsi nicht lauern. So naschte er ein Stück Wurst und schlich sich davon.

Und was geschah mit Schlimpsi? Nein, nein, er sitzt nicht

mehr in der Schokoladencreme! Schnell huschte Schlumpsi davon, holte Papa und Mama und alle Verwandten, die Onkel und Tanten. Da wimmelte es im Keller des Krämers. Schnell nagten sie ein großes Loch in den Korb und befreiten den kleinen Schlimpsi. Ein bißchen fraßen sie wohl alle von dem Speck und den herrlich duftenden Würsten. Aber ihre Mauseangst vor dem großen Kater war so groß, daß sie schnell wieder aus dem Keller huschten und nach Hause liefen.

Geschimpft hat der Mausepapa schon mit Schlimpsi. Die Mausemama hat auch schnell ein bißchen in ihre Schürze geheult und Schlimpsi und Schlumpsi an ihr Herz gedrückt.

„Wir gehen nie mehr in den Keller", piepsten die beiden, und all die Verwandten, Onkel und Tanten nickten bedächtig mit dem Kopf und freuten sich, daß alles noch einmal gut gegangen war.

Jedem Geburtstagskinde

Ein bißchen Weinen, ein bißchen Lachen,
ein bißchen Freude, ein bißchen Schmerz,
ein bißchen Schlafen, ein bißchen Wachen,
ein bißchen Fragen himmelwärts,
so wird es sein, ob Mai, ob März.

So ist es halt im Menschenleben,
bald auf, bald ab, bald ja, bald nein.
Doch einen Kompaß kann's nur geben:
Den Glauben und das Tapfersein.
So halt ihn fest! So sei er dein!

Siehst du den Stern?

Flocken fallen ganz leis,
decken die Erde zu.
Weithin nur leuchtendes Weiß.
Lautes geht seltsam zur Ruh.

Auch in der eig'nen Brust
mildern sich Sorg und Weh.
Hast du denn jemals gewußt
um diese Gnade aus Schnee?

Erst wenn das Leben dir hart
schmerzende Wunden schlug,
wenn es an Glück dir gespart,
scheidest du Wahrheit von Trug.

Flocken fallen ganz leis,
schneien Irdisches zu:
Ängste vor Kriegen und Not,
Bangen um baldigen Tod.

Alles, alles wird fern . . .
Siehst du den Stern?

Stille Zeit

Die Tage verlobt an die Stille,
verbunden dem heimlichen Klang,
sind voll von Erwarten und Fülle,
gekrönt durch der Glocken Gesang.

Die Herzen bereit für ein hohes
Geschehen aus uralter Mär,
holst gern du ein Lichtlein, ein frohes
und stellst gar ans Fenster es her.

Die einsam dann draußen noch gehen,
die Fremden sind davon entzückt.
Ein Stern wird auch für sie erstehen.
Die Hoffnung ist nahegerückt.

Im Winter

Grau ist der Himmel ausgespannt,
und leise fällt der Schnee.
Ein Vöglein scheu ans Fenster fand
in Not und Hungersweh.
Um Klaubholz plagt im düst'ren Wald
sich spät ein armer Mann.
Wer brennt nicht gern, wenn es so kalt,
ein wärmend Feuer an?
Weiß keiner recht was schwerer wiegt

in dieser Winterzeit:
Ist's Saat, die im Verborg'nen liegt,
ist's Tod und bitt'res Leid?
Eins aber weiß das gläub'ge Herz:
Wir stehn in Gottes Huld.
Er wandelt wieder allen Schmerz
und auch trotz Menschenschuld.

Mutterliebe

Wo wirst du sein, geliebtes Kind?
So werd ich noch im Jenseits fragen.
Und die nun Mütter einmal sind
um dich auch dort die Sorge tragen.

An deinen Wegen werd' ich sein,
als wär' ich nie von dir gegangen.
Mein Kind, ich laß dich nicht allein.
Wisch ab die Tränen von den Wangen!

Sechs Bretter und ein Menschengrab,
du wirst es doch nicht ernsthaft denken,
daß man für immer da hinab
der Mutter Liebe könnte senken?

S Heimatbacherl

Gluckerluck . . . a Bacherl springt
drinna töif im Wåld . . .
gluckerluck . . . es guchzt u singt,
u 's is frisch u kålt.

Gluckerluck . . .sua gungarts zou
üwa(r 'd Kieselstoı(n . . .
gluckerluck . . . u gluckerluck,
gånz für sich alloi(n.

Gluckerluck . . . ich denk gern hoim,
wåu i(ch 's Bacherl woiß,
owa's Herz tout wäih dabaa
u' d Zahrla brenna hoiß . . .

Margareta Pschorn, geboren am 6. Juni 1922 als drittes und letztes Kind der Kaufmannseheleute Adolf-Nikolaus Pschorn und Anna-Elisabeth, geb. Sacher in Rodisfort an der Eger, Kreis Karlsbad/Westböhmen. Besuch der Volks- und Bürgerschule in Dallwitz und der Frauenfachschule in Karlsbad.

Mit 16 Jahren erste Publikationen in der „Karlsbader Zeitung" und anderen Zeitungen des Sudetenlandes. Früh einbrechende schwere Krankheit vereitelte ihre weitere Berufsausbildung zur Kindergärtnerin, dadurch kam sie eigentlich auch schicksalsmäßig zur Feder. Bis heute hat die Autorin 17 Buchherausgaben zu verzeichnen, tausende von Publikationen in Zeitschriften und Zeitungen, über Deutschland hinaus in Europa und Übersee. Sie brachte mehrere Hörbil-

der im Bayerischen und Süddeutschen Rundfunk, auch eigene Lesungen, und ist im Bayerischen Rundfunk auch Mitarbeiterin an weihnachtlichen und volkskundlichen Vertriebenen-Sendungen. In 77 Anthologien des In- und Auslandes ist M. Pschorn vertreten. Ca. 100 ihrer teils sehr volksliedhaften Gedichte sind von namhaften Komponisten vertont worden. Einige fanden Schallplattenaufnahmen, andere Eingang in deutsche Liederbücher.

Seit 1953 wird die Schriftstellerin in „Kürschners deutschem Literaturkalender" geführt, ferner in „Who's Who in Germany" in englischer und deutscher Sprache, im Literaturlexikon Böhmen-Mähren-Schlesien und weiteren derartigen Ausgaben verschiedener Künstlergemeinschaften und Verlage. Viele Jahre hielt die Dichterin Lesungen aus eigenen Werken bei Volkshochschulen, heimatlichen Verbänden und Jugendgruppen.

Margareta Pschorn ist Ehrenmitglied des „Verbandes Freier Deutscher Autoren" in Bayern, Ehrenmitglied des „Deutschen Kulturwerkes Europäischen Geistes", Mitglied der „Deutschen Akademie für Bildung und Kultur" in München, Mitglied der „Künstlergilde" Eßlingen und der „Regensburger Schriftstellergruppe" sowie des „Schriftstellerkreises um den Dichterstein" in Offenhausen/Oberösterreich und des „Kreises der Freunde", in Walchum/Emsland.

Im Jahre 1979 wurde die Dichterin für ihr literarisches Schaffen mit der „Adalbert-Stifter-Medaille" ausgezeichnet. 1982 erhielt sie ein Ehren-Diplom der Universita della Arti in Salsomaggiore-Terme, in Italien.

1983 wurde sie durch die „Arbeitsgemeinschaft für Werbung-Wirtschaft-Markt und Meinungsforschung", der AWWMM, mit dem Sitz in Luxemburg, für einige ihrer Bücher mit dem Buchpreis 1983 überrascht.

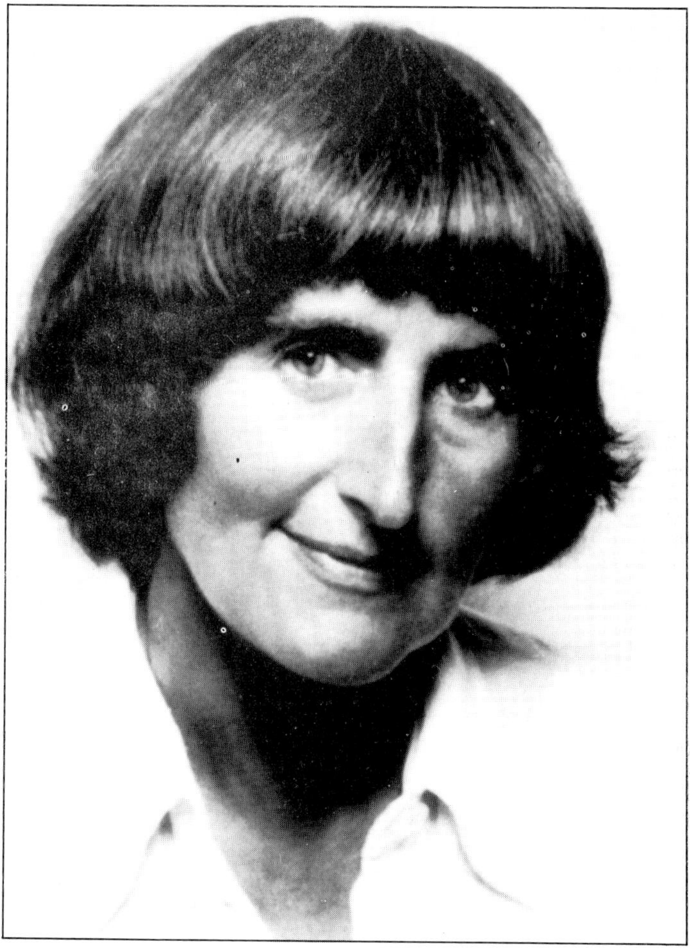

Irmgard Rippberger-Gatscha

Requiem für meinen Vater

(geboren am 22. Juni 1893 – gestorben am 30. März 1973)

Da ruhst Du nun, Vater, zwischen tiefroten Rosen, weißen Fresien, zartfarbenen Nelken und der flammenden Tulpen- und Narzissenpracht des jungen Frühlings, nach dessen aufsteigender Sonne und Wärme Du Dich täglich mehr sehntest, vielleicht, weil Du bereits tief in Deinem Herzen ahntest, daß sie Dir nicht mehr zuteil würden.

Oh, Vater!

Wie still es um uns ist! Wie nichtig und weit weg all das, was sonst so wichtig schien und in den Jahren unseres Zusammenseins unsere Gemeinsamkeit oft bedrängte und manchmal gar verdrängte!

Waren wir uns in der Lebendigkeit unserer vielen gemeinsam gelebten Jahre je so nah wie in der großen Stille Deines Todes?

Wenn NAH - SEIN völliges Begreifen des anderen ist – ich habe die stille, bescheidene und unaufdringliche Größe Deines Herzens nie vordem so deutlich begriffen wie jetzt, wo Dein gütiges Lächeln, Dein leiser Anruf, Dein liebevolles Wort aus meinem Tag gegangen sind.

Das Lächeln Deiner Liebe nahmst Du mit in den Tod.

Du lächeltest zufrieden und gelöst, als Du meine Kinder und mich um Dich sahst und schlossest so die Augen zum letzten Atemzug Deines Lebens.

Deshalb liegt dieses leise Lächeln auch jetzt noch auf Deinen Zügen, die eine Ruhe und Zufriedenheit ausstrahlen, als wolltest Du sagen: „Es ist alles gut."

Wie schön Du bist, Vater!

Ich betrachte Deinen edel geformten Kopf, Deine schöne, klare Stirne, Deine schmale, gerade Nase, den gütigen Zug Deines fein geschwungenen Mundes. Ich weiß Deine unwahrscheinlich blauen Augen hinter Deinen geschlossenen Lidern, die mich kurz vor Deinem Sterben noch einmal so innig anblickten. Und ich entdecke an Deiner linken Wange das gleiche kleine braune Mal, wie ich es habe. Nie vorher fiel mir auf, daß Du mir mit Deinen Gesichtszügen auch dieses kleine Mal vererbt hast.

Ja, was überhaupt fiel mir auf? Was von all dem Guten, das Du in mein und meiner Kinder Leben hineinstrahltest? Alles schien selbstverständlich: Deine stete Besorgnis um uns und unsere Bedürfnisse, die Bescheidenheit in allen Dingen Deines persönlichen Bedarfes, Deine immerwährende Hilfsbereitschaft und Liebe, Dein geduldiges Hinnehmen all unserer kleinen und großen Unzulänglichkeiten, die Klagelosigkeit, mit der Du das Leiden Deines letzten Lebensabschnnittes trugst – und so vieles mehr, das einen Menschen von stiller Größe zeichnet.

Nein, was für einen Vater ich besaß und verlor, wird mir nun erst richtig bewußt, da Du das alles plötzlich hinübergenommen hast in jenen Frieden, aus dem nun die große Ruhe Deines schönen Antlitzes kommt.

Vater, wie warst Du liebevoll und gut! Wie warst Du es besonders zu Deinen Kindern, zu Deinen Enkelkindern und Deinem Urenkel.

Als ich im Mai und Juni des Jahres 1942 sechs Wochen lang mit Scharlach und Diphtherie im Planer Krankenhaus lag, war der Sonntagszugverkehr eingestellt worden. Du aber kamst Sonntag für Sonntag zu Fuß den 20 km weiten Weg von Tepl nach Plan, um mich zu besuchen. So sehr liebtest Du mich!

Als wir beide, Du und ich, vor fast 24 Jahren am Sarg unserer Mutter standen und ich Dich in meinem Schmerz fragte, ja geradezu festlegte: „Aber Du bleibst bei mir, Papa?!", da sagtest Du nur: „Ja." Du warst damals 56 Jahre alt, hättest Dir noch einmal ein eigenes, ein leichteres Leben aufbauen können. Aber Du standest getreulich zu Deinem Ja und erfülltest es bis zur letzten Sekunde Deines Lebens mit der ganzen Hingabe Deines Ichs. Meine Kinder wuchsen unter Deinen Händen und in Deiner schirmenden Liebe heran, und Du gabst ihnen so unendlich viel für ihr Leben. Mit all ihren kleinen und großen Anliegen kamen sie zu Dir; und immer hattest Du für sie ein offenes Ohr und eine offene Hand, auch immer ein tröstendes Wort, wo es nötig war. Sie wurden von Deiner Intelligenz und der Vielfalt Deines Wissens genau so geprägt wie von Deinem Sinn für Rechtschaffenheit und Gerechtigkeit, für Takt und Toleranz. Mit der gleichen Liebe und Fürsorglichkeit umhegtest Du Deinen kleinen Urenkel, dessen Zuneigung Dich in den letzten zweieinhalb Jahren Deines Lebens mit ganz großer Freude erfüllte.

Daß ich meinen Beruf weiter ausüben, daß ich Bücher schreiben konnte, ich verdanke es Dir allein. Hörst Du, Vater, nur Dir allein!

Aber du hörst mich ja nun nimmer. Und als Du mich noch hören konntest, war mein Mund oft zu herb und zu stumm.

Fast 50 Jahre durften wir zusammen leben – heute erscheinen sie mir wie der Traum vor einem raschen Erwachen. Ich kann nur beten, daß die letzten 24 Jahre Deines Lebens nicht die schlechtesten für Dich gewesen sein mögen, auch wenn ich oft viel zu wenig Zeit für Dich hatte – ich weiß, Vater –, auch wenn ich oftmals gedankenlos war und mir nicht Deine anspruchslose Bescheidenheit und Deine Sorgsamkeit zu eigen sind.

Ich kann meinen Blick nicht von Deinen Händen lösen,

nicht von Deinen schmalen, langen, feingliedrigen, zum letzten Gebet ineinandergelegten Fingern, die in ihrer blassen Schönheit wie aus Alabaster gemeiselt erscheinen. Wie oft haben diese Hände tröstend und begütigend über meinen Kopf und die blonden und dunklen Köpfe meiner Kinder und meines Enkelkindes gestreichelt!

Als ich Deine Hände in den letzten Stunden Deines Lebens in den meinen hielt und Dir gerne für all Deine Liebe und für all das, was diese Hände für uns getan, gedankt hätte – es mir aber selber verbot, weil Du doch so gerne noch leben und Deinen 80. Geburtstag erleben wolltest und deshalb nicht wissen solltest, daß es für diesen Wunsch vielleicht keine Erfüllung mehr geben würde, da sagte ich nur: „Was für schöne Hände Du hast, Papa! Die schönsten Hände von uns allen." Und ich hoffte so sehr, Du würdest darin meine Liebe zu Dir spüren und meine Dankbarkeit für Dein für mich gelebtes Leben.

Es war ein von Deiner eigenen Persönlichkeit her ruhiges und die Deinen beglückendes Leben, aber ein bewegtes von außen her, was die schicksalhaften Fügungen betraf, die Dir aufgebürdet wurden, ohne daß Du etwas dazu oder dagegen tun konntest.

Du warst der Älteste von fünf Geschwistern, in jungen Jahren schon immer für alles verantwortlich, was die Jüngeren taten oder was man Dir selbst auftrug. Vielleicht erwuchs daraus Dein großes Verantwortungsbewußtsein, das Dir Dein ganzes Leben lang zu eigen war. Die Zeiten waren damals für eine Kindheit viel weniger rosig als heute. Wie oft hast Du mir erzählt, daß Deine Mutter oft seufzte: „Den ganzen Tag hängen sie am Brotlaib!", womit sie ihre kleine hungrige Gesellschaft meinte. Oder, wie die Großmutter, die Du gebettelt hast, Dir doch aus der Speis' ein bißl Honig aufs Brot zu holen, Dich mit der Bemerkung:

„Ja, da sitzt er und hat's Hüt'l auf" in Nöte brachte.

In welcher Seelennot mußt Du gewesen sein, als Dir beim Gänsehüten hinterm Dörrnteich der Jäger eine Gans erschoß und Du dann dafür bestraft wurdest!

Es tat mir immer weh, wenn Du mir erzähltest, wie Du sehnlichst gewünscht hattest, ein Musikinstrument zu lernen und überglücklich warst, als Du von jemandem eine Geige geschenkt bekamst; und wie dann diese übergroße Freude in tiefe Traurigkeit umschlug, als kein Geld für Violinstunden da war.

Oder, wie Du, weil man Dir tagsüber oft eine andere Beschäftigung zuteilte, nachts beim fahlen Licht der Petroleumlampe Deine Geometriezeichnungen für die Bürgerschule machtest, voll Eifer und genau, obwohl Dir die Augen schmerzten.

Du warst ein sehr guter Schüler und hättest so gerne eine höhere Schule besucht und studiert, wenn das Geld dafür dagewesen wäre.

Oh, Vater! Und uns hast Du jeden Wunsch von den Augen abgelesen und erfüllt, als wir noch Kinder waren, und auch später immer, soweit es nur in Deinen Kräften stand!

Nach der Bürgerschule begannst Du beim Kaufmann Prosch in Tepl Deine Lehre. Du erzähltest manchmal, wie Du als Kaufmannslehrling winters oft im kalten Laden und auch sonntags arbeiten mußtest, weil damals auch am Sonntag verkauft wurde.

Die Gewerbeschule hast Du als bester Schüler abgeschlossen und bekamst eine Prämie. Darüber war Dein Lehrherr so erfreut, daß er Dir 50 Gulden schenkte.

1911 gingst Du nach Eger in ein Detail- und En-gros-Geschäft für Südfrüchte und Kolonialwaren und warst durch Deine Ehrlichkeit und Deine Tüchtigkeit bei der Kundschaft und bei Deinem Chef bald so beliebt, daß Du im Geschäft eine besondere Vertrauensstellung einnahmst und Handlungsvollmacht bekamst; das ist die Berechtigung, zu unterzeichnen und zu bestellen.

Nach vier Kriegsdienstjahren, Du warst Kanzleirechnungsunteroffizier beim Staatshengstendepot in Graz und in Krumpendorf am Wörthersee, kehrtest Du wieder in das Geschäft Kohn nach Eger zurück.

Und dann lerntest Du unsere Mama kennen. Als Du sie 1920 geheiratet hast, machtest Du Dich selbständig, indem Du in Deiner Heimatstadt Tepl das Geschäft von Herrn Konrad übernahmst. Wie fleißig und tüchtig müßt ihr beide gewesen sein, da Du schon ein Jahr nach der Geschäftsübernahme schuldenfrei warst.

Auch das große Haus, das Du 1927 kauftest, um darin ein größeres Kolonialwaren- und Delikatessengeschäft einzurichten, konntest Du vom Kauftage an ohne Schulden Dein Eigen nennen. Haben wir das jemals wirklich zu schätzen gewußt? Wieviele Tage und Nächte an Arbeit, wieviel persönliche Entsagung bei Dir und unserer lieben Mutter dahinter steckten, haben meine Schwester und ich, die in dem durch Euren unendlichen Fleiß erworbenen Wohlstand aufwuchsen, wohl nie ganz begriffen.

Durch Deinen lauteren Charakter und Dein ehrliches und reelles Geschäftsgebaren wurdest Du ein angesehener Bürger unserer kleinen Stadt, der so manches ehrenvolle, aber auch verantwortungsvolle Amt ausübte, wie das als Verwaltungsrat der Städtischen Sparkasse Tepl, und der einen großen Kreis guter Stammkunden zu seinem Geschäft zählen durfte.

Es tat Dir persönlich weh, als Du nach dem Kriegsausbruch im Jahre 1939 Deinen langjährigen treuen Kunden nicht mehr alles verkaufen konntest, was sie gerne wollten. Aber Du halfst ihnen, wo es nur ging.

Im Jahre 1944 holten sie Dich zur Ersatzreserve, und Du mußtest Dein Geschäft schließen. Nach der Ausbildung in Westpreußen kamst Du zur Polizeireserve nach Wien und warst im Schloß Schönbrunn untergebracht. Dein Dienstrevier umfaßte genau die Gegend, in der einige Jahre später Deine Tochter Herta wohnen sollte. Damals ahntest Du allerdings noch nicht, daß sie einmal nach Österreich heiratet und daß wir bei ihr in Wien zusammen noch viele schöne Tage und Wochen verleben würden.

Als Du im Mai 1945 zu uns zurückkamst, begannen die Nächte der Ängste, die Sorge, eines Nachts aus dem Haus geworfen zu werden. Im Feber 1946 holte man Dich – wie so viele andere – ohne jeden stichhaltigen Grund ins tschechische Konzentrationslager. Harte Arbeit, wenig Essen, stundenlanges Stillstehen in sengender Sommerhitze und Prügel . . . Vater, das war Dein Los ein halbes Jahr lang!

Aber das Schlimmste stand Dir noch bevor. Alles, was Du Dir in mühsamem Fleiß und steter Redlichkeit in drei Jahrzehnten erworben hattest, nahm man Dir weg: Dein Haus, Dein Geschäft. Und man nahm Dir die Heimat, die Du bis zur letzten Stunde Deines Lebens in tiefer Sehnsucht liebtest und deren Sprache Du so getreulich bewahrtest, daß auch Dein letztes Wort von ihrem Wohlklang geprägt war.

Vordem ein geachteter Bürger Deiner Heimatstadt, warst Du nun ein Heimatvertriebener, ein „Flüchtling", wie man uns damals völlig unzutreffend nannte, der mit unserer lieben Mutter in einem einzigen Zimmer in einem kleinen hessischen Dorf wohnte. Du konntest nur eine Arbeit finden, die weder Deinem Beruf noch Deinen Kräften entsprach. Bald hatten Deine schönen Hände Schwielen von Hacke und Schaufel. Trotzdem klagtest Du nie.

In dieser Zeit kämpfte ich verzweifelt darum, Dich und

Mutter zu mir zu nehmen. Ich scheiterte damit an der mangelnden Einsichtigkeit der Menschen, von deren „Ja" die Erteilung einer Zuzugsgenehmigung für Euch abhängig war. Wir gaben die Hoffnung, bald zusammen zu sein, dennoch nicht auf.

Da traf Dich der härteste Schicksalsschlag Deines Lebens: Bei Deiner nachmittäglichen Rückkehr am 11. Juli 1949 fandest Du unsere Mutter tot – dem Herztod erlegen.

Wir begannen damals gerade in Mudau unser Haus zu bauen, und so begruben wir unsere geliebte Mutter auch hier. Du aber bliebst bei mir, so wie Du es mir versprochen hattest, plagtest Dich Tag für Tag beim Bau unseres Hauses und zogst, als ich heiratete, mit ein.

Fast 23 Jahre durften wir darin zusammen leben, haben Freude und Kummer geteilt und aneinander unsere geliebte Heimat immer wieder lebendig erlebt. Die Kinder kamen und gediehen unter Deinen Händen wie unter den meinen; Du liebstest sie, und sie liebten Dich. Was hast Du sie nicht alles gelehrt auf euren Ausfahrten und Spaziergängen! Wie beglückt warst Du, wenn sie so richtig urwüchsige egerländer Wörter in ihre Gespräche einflochten oder Dir ein egerländer Lied vorsangen! Wie beglückte Dich jeder ihrer späteren Erfolge!

Auch an allem, was mich betraf, nahmst Du immer Anteil, selbst dann noch, als Dein Herz müder wurde, bis zur letzten Stunde. Du warst immer für mich da. Dabei hatte ich oft viel zu wenig Zeit für Dich, nahm Dich viel zu selbstverständlich als Teil meines eigenen Lebens hin.

Nun ruhen Deine nimmermüden, schönen Hände, Dein Gesicht ist im letzten Lächeln Deiner großen Güte erstarrt. Und ich sitze bei Dir und rufe Dich noch einmal, so wie jeden Tag.

Du hast Dir durch Deine Selbstlosigkeit und Deine opferbereite Liebe soviel Unvergänglichkeit in meinem Herzen erworben, daß ich nichts so sehr bin und sein möchte, als Deine Tochter.

Vater! Lieber, geliebter Vater!

Gott gebe Dir in seiner großen Liebe den Lohn Deiner Liebe für uns!

Mein Elternhaus

Da hatte jedes Ding sein gut' Bewenden,
zu einem Ring im Gold'nen Schnitt gestellt,
worin verknotet lagen all' die Enden
der weiten Wege und der großen Welt.
Die Sommersonne im Geblink der Scheiben
war Glück, genau so, wie des Schneesturms Macht,
des Tages langes, werkerfülltes Bleiben,
wie auch die Träume der gestirnten Nacht.

Zum Spielen gab es Platz
und zum Verweilen,
zu Tun und Denken,
für Gestalt und Traum

und Raum für Liebe –
soviel Raum.

(Aus „Getreidegasse 268" 1968)

Der Podhornberg

Er ist ein Stück aus Urgewalt der Erde,
die ihre Lava einst zum Himmel spie,
ein Zeuge von der Landschaft großem „Werde!",
das Gottes Schöpfergeist dem Feuer schrie.

Als seine Gluten vor dem Wind verglühten,
da wurde er zum Berg aus grauem Stein,
dem Land entquollen, das er zu behüten –
nun stand in der Gestirne Wechselschein.

Und Wälder wuchsen hoch in steilem Drängen,
auf deren Moos das Gold der Sommer fiel;
in hellem Wiesenland an sanften Hängen
begann der Blüten farbenstarkes Spiel.

Jedoch das Haupt des stillen Heimatriesen
blieb alt und kahl und dunkel wie zuvor;
die Hochlandstürme seinen Träumen bliesen,
er lieh dem Spiel der Zeiten Mund und Ohr.

So kreisten bald die Sagen mit den Winden
und wußten viel vom Berg und seinem Wald,
von kleinen Gnomen, die im Fels zu finden
und eines Riesen mächtiger Gestalt.

Doch ihn berührte nicht, was Menschen raunen.
Er wachte mächtig über'm Tepler Land,
ein Traum aus Stein und Wäldern, Wiesen, Faunen,
doch gut und nah wie eines Vaters Hand.

(Aus „Das Lied der Tepl" 1964)

Ave Maria

(Für H. B.)

Ave Maria, unsterbliches Lied,
uns einmal für immer geschenkt!
Ich denke dein, und ich werde nicht müd',
auch wenn niemand an dich mehr denkt.

Ein Sommersonntag! Es war im August
in einer bezaubernden Stadt.
Villen und Gärten im Blütenblust
lachten die Augen satt.

Wir gingen zu zweit in Marienbad
die Kurpromenade entlang,
als vom Orchester innig und zart
das AVE MARIA erklang.

„Das AVE MARIA", so sagtest du,
und dabei hielt mich dein Schau'n
und fiel deiner Augen Lächeln mir zu,
„es ist wie ein schöner Traum,

ein Traum, den ich nimmer zu träumen gewagt
vor des Todes nahem Gesicht.
Deinetwegen entließ mich die Nacht,
du bist mir Leben und Licht."

Nichts jemals zuvor und später nichts mehr
fiel mir so in die Seele hinein.
Seit diesen Worten, so wägend und schwer,
war meine Sehnsucht dein.

Und war ich zu jung, um ganz zu versteh'n,
kein Mädchen, das schenkend betört,
und mußtest du manches Lächeln erfleh'n,
ich hab' dir von Stund' an gehört. –

Ave Maria, unsterbliches Lied,
uns einmal für immer geschenkt!
Ich denke dein, und ich werde nicht müd',
auch wenn niemand an dich mehr denkt!

(Aus „Wenn Sehnsucht singt" 1962)

Begegnung

Wenn ich dich morgen sehe,
hat der Mond sein Licht aus der Nacht genommen,
sind die Farben erwacht, ist der Tag gekommen;
und der Rain, auf den deine Zärtlichkeit rann,
hängt hell zwischen Weizen und Klee.

Wenn ich dich morgen sehe
– dein Haar voll von heimlichen Küssen –,
wirst du dein glückliches Lächeln scheu verbergen müssen,
wird nur die Ferne in deinen Augen verraten
– nur mir verraten – die Nacht voller Mond.

Wenn ich dich morgen sehe,
wird der Lärm der Straße laut uns trennen,
wird keiner wissen, wie sehr wir uns kennen;
doch unsere Herzen werde höher schlagen
und wartend bis zur Neige der Sonne gehn.

Erkenntnisse
(Aphorismen)

Große Gefühle sind leise – unwesentliche laut.

Wichtig tun ist gleich: Nicht wichtig sein.

Was nach außen schillert,
bleibt innen dunkel,
was nach innen strahlt,
glänzt nur verhalten nach außen.

Du suchst jemanden,
der dich nie enttäuscht?
Suche dir einen Hund
oder eine Katze!

Große Räume
haben meist wenig Platz
für kleine Kinder.

Uhren kann man rückwärts drehen,
das Leben nicht.

Zeige mir den Menschen,
der gewillt ist,
einen guten Rat anzunehmen!
Jeder geht lieber den Dornenweg
der bitteren Erfahrung!

Einbildung und Überheblichkeit
sind das Markenzeichen der Dummen.

Großes Maul – kleiner Geist.

Wer von seinen Erfolgen erzählt,
hat es nötig.

Einen Menschen zu finden
ist dem Glück vergleichbar,
aus einem Schutthaufen
ein Goldkorn zu bergen.

Irmgard Maria Erika Rippberger-Gatscha. Ich wurde am 28. Juli 1923 in Tepl (Westböhmen) geboren. Mein Vater Karl Gatscha war Kaufmann und hatte in Tepl Ecke Getreidegasse – Klostergasse ein Kolonialwaren- und Delikatessengeschäft. Meine Mutter Anna Gatscha, geb. Gibitz, stammte aus Habakladrau bei Marienbad. Von 1929 bis 1934 besuchte ich die Volksschule und anschließend 4 Klassen Bürgerschule in Tepl, von 1938 bis 1942 die Lehrerbildungsanstalt in Eger. Vom 1. Oktober 1942 an unterrichtete ich als Lehrerin im Kreis Tepl, zuerst in Stift Tepl, dann in Sankt Adalbert, Böhmisch Berau, Kladerlas und zuletzt in Tepl. Am 23. September 1945 verließ ich die Stadt und das Land, wo ich eine behütete Kindheit und Jugend verlebt hatte, obgleich die schönsten Jugendjahre vom Krieg überschattet gewesen waren. Ich lebte dann bis 1946 in Salzburg, arbeitete im Kunstgewerbe und studierte dort an der Hochschule zwei Semester Philosophie und Kunstgeschichte.

Da Österreich keine sudetendeutschen Lehrer einstellte, ging ich nach Deutschland und bin hier seit 1. Oktober 1946 in Baden-Württemberg im ehemaligen Kreis Buchen und jetzigen Neckar-Odenwald-Kreis als Lehrerin tätig. 1956 kam ich als Oberlehrerin an die einklassige Volksschule Langenelz, die ich 14 Jahre leitete. Seit Auflösung dieser Schule im Jahre 1970 bin ich Oberlehrerin an der Grund- und Hauptschule Mudau.

1951 kam mein Sohn Tassilo, 1953 meine Tochter Angelika und 1959 meine Tochter Daniela zur Welt, 1970 mein Enkel Sascha.

Nach Gedichten und Kurzgeschichten in Zeitungen, Zeitschriften und Rundfunk erschien 1962 mein erster Gedichtband „Wenn Sehnsucht singt", 1964 das Sprechspiel „Das Lied der Tepl", 1966 mein zweiter Lyrikband „Tag und Traum", 1968 der Prosaband „Getreidegasse 168" – Bilder einer Kindheit und Jugend. Lyrik und Prosa von mir sind auch im Tepler Heimatbuch „Das Tepler Land", im Plan – Weseritzer Heimatbuch „Über Grenzen hinweg", im Bad Königswarter Heimatbuch „Vom Kaiserwald zum Tillenberg", im Marienbader Heimatbuch, im Egerländer Sagenbuch „Der bunte Kranz", im Sudetendeutschen Kulturalmanach, in „Auf meiner Straße" und „Alle Mütter dieser Welt", in „Erzählungen deutscher Lehrer der Gegenwart" und in „Lehrerautoren der Gegenwart", sowie in den Bänden der Künstlergilde Eßlingen „Schuldschein bis morgen" und „Begegnungen und Erkundungen" zu finden.

Außerdem habe ich zahlreiche besinnliche und heitere Theaterstücke für Kinder und ein geschichtliches Schauspiel „Minna von Horneck" (nach der Sage um die Entstehung der Minneburg am Neckar) geschrieben. Mein Name, Daten und Werk stehen im „Handlexikon deutscher Dichter aus Böhmen, Mähren und Schlesien". Ich bin Mitglied der Künstlergilde Eßlingen.

Anton Schreiegg

Glückliche Ostersaat

Ein bescheidenes Brauchtum aus der vorösterlichen Zeit, das uns als Kinder viel Freude bereitet hat, möchte ich in Erinnerung bringen durch diese kleine Geschichte und auch die Anregung zum Nachvollzug geben in unseren Tagen. Es hat keine Schwierigkeiten.

Im hohen Waldland nahe der böhmischen Grenze, am Fuße des Tillenberges stand in der Flur zum Hochofen, wo in früher Zeit sogar einmal Gold gegraben worden war, die bescheidene Hütte der Kräuternanni. Das alte Weiblein wurde mitunter auch Kräuterhexe genannt. Wir Kinder hatten deswegen vor der buckligen Alten große Scheu. Wir dachten an die Hexenmärchen, an Verwünschungen und Zauberei, wenn sie plötzlich auftauchte. Auch Erwachsene sprachen von ihr meist mit besonderer Betonung.

Etwa vierzehn Tage vor dem Palmsonntag war es, da wir die Weidenbäume erkundeten, von denen wir die Palmkätzchen abschneiden wollten für die stolzen Büschel zur Palmenweihe, da führte uns der Pfad auf das Häusel der Kräuterhexe zu. Doch wir schlugen lieber einen Bogen und zogen im Abstand unter den überhängenden Schirmfichten weiter. Der Försterbub, der mit uns gekommen war, hatte gerade von der Alten erzählt. „Sie kann wirklich zaubern", hatte er gesagt. „Bricht ein Hund den Lauf, dann legt sie Kräuter auf und sagt den geheimen Zauberspruch. Gleich oder doch bald ist alles wieder gut."

Nun standen wir und schauten aus der Deckung zum windschiefen Holzhaus hinüber. Die kleinen Fenster spiegelten das Abendrot wie zwei feuerige Augen. Dazwischen stand die Haustüre weit offen wie ein schwarzes Maul. Im

Schlagschatten der kahlen Bäume hinter dem Ziegenstall lag noch harter Schnee. Wir wollten schon weitergehen, aber da kam das Weiblein heraus. Es trug eine mächtige Tonschüssel. Diese war mit Erde gefüllt. Den flachen, irdenen Scherben stellte die Kräuterhexe auf die Hausbank vor dem Fenster, drehte sich der sinkenden Sonne zu und hob beide Hände empor ins Licht. Es lag etwas auf den Handflächen. Wir konnten aber nicht erkennen, was es war. Nach einer kleinen Weile wendete sie sich wieder der Tonschale zu und machte sonderbare Zeichen über der schwarzen Erde.

Wir sahen uns an. „Sie zaubert", flüsterte meine Schwester. Von Neugierde getrieben, schlichen wir näher hinzu. Wir hörten sie reden. Laut redete die Frau und es tönte feierlich über die Waldwiese hin. Im Tal begann gerade das Abendläuten. Meine Furcht war da plötzlich verschwunden. Schritt für Schritt trat ich näher, wollte genau wissen, was da geschah. Meine Schwester blieb in stummer Angst zurück. Auch der Försterbub folgte nicht nach. Ich trat noch näher heran. Nun hörte ich deutliche Worte: „. . .wie auch wir vergeben unseren Schuldigern. Und führe uns nicht . . .!" Das Vaterunser, wahrhaftig, das Vaterunser betete die Nanni! Ein großes Wundern überkam mich. Ja, vergib uns unsere Schuld! O, dachte ich, wir haben da auch etwas abzubitten. Feierlich klang ihr „Amen" und sie machte nun, da ihre Hände leer waren, das Kreuzzeichen über die angedrückte Erde in der Tonschüssel. Zuletzt versprengte sie noch Wasser darauf.

Alsdann hob sie den Tonteller nochmals hoch ins Licht und sagte den Spruch: „Weichen müssen Frost und Tod. Stehst du auf, so hat's nicht Not." Wie die Alte dann aufschaute im Umdrehen, sah sie mich doch. Sie machte wohl große Augen. Ich merkte aber gleich, daß keine Gefahr sei.

Ehe ich an das Weglaufen denken konnte, sprach sie mich freundlich an. „Ei, Bub", sagte sie, „wie kommst denn du auf einmal daher? Siehst du, jetzt ist die heilige Ostersaat in der Erde da drinnen samt dem Segen von oben. Der gehört immer dazu. Komm nur in den Ostertagen wieder herauf, dann kannst du sie sehen, die schöne grüne Ostersaat. So grün ist gar nichts weitum wie das, was aus der guten Erd dann hervorsprießt in dem Weidling, den ich hinters Fenster stelle in die Sonn'." Da ich kein Wort hervorbrachte, nickte mir das Weiblein aufmunternd zu und rief: „Mach's nach, mach's nach! Du kannst es bald auch, vergiß nur nicht den frommen Spruch! Alles muß seinen Weg und Segen haben!" Ohne noch einmal nach mir zu sehen, trippelte die Kräuternanni zur Haustür und verschwand.

Wir Kinder haben es getreulich nachgemacht. Wahrhaftig! Zu Ostern war auch unsere Saat von Haferkörnern aufgegangen. So prächtig aber leuchtete sie nicht und so hoch stand sie auch nicht da wie die Saat im winzigen Fenster der Kräuternanni, die wir beim Emausgang am Ostermontag bestaunen durften. Und dort hatte der Osterhase für jedes von uns ein rotes Osterei hineingelegt in das leuchtende Grün.

Zu Ostern denk ich doch gern zurück und meine, ich sollt es doch wieder einmal versuchen mit dem frommen Zauber aus der Kinderzeit.

Böhmerwald

In unseren Wäldern dunkelt das Schweigen.
Über die Berge weht rauher Wind.
Leben und Sterben – Fallen und Steigen –
Alles zutal mit den Wassern verrinnt.

An rasigen Wegen stehen zuweilen
Einsame Zeichen und Kreuze aus Stein.
Weilet, ihr Wanderer, hemmt euer Eilen,
Wisset, da bleichte der Väter Gebein!

Über die Berge rissen sie Fährten,
Trugen die Liebe ins andere Land.
Mehrten die Sippe, pflügten und wehrten.
Schlugen die Wölfe mit sicherer Hand.

Liefen im Rang mit den Besten die Wette,
Hoben die Schätze aus waldgrünem Schacht.
Tälerwärts blühten dann Burgen und Städte.
Bruderzwist brachte zum Sinken die Macht.

Kommt nicht mit Worten, die nichts bewegen;
Reiht euch ins werksame Schweigen mit ein.
Aus den Sprüchen der Väter quillt Segen.
Mutterlied zaubert den Sonnenschein.

Tausend Jahr steht, was wir geschaffen.
Immer fanden sich Hüter der Art.
Treue und Wahrheit sind sichere Waffen!
Anders bleibt uns kein Erbe bewahrt.

Heimat an der Grenze

Wohl steh'n die Wälder noch,
die Berge schwingen in die Lüfte.
Wie ehdem steigt der Mond vom dunklen Joch
und brechen Quellen aus dem Schoß der Klüfte.

Wohl treibt hinfort der Bach sein Silberband
und zieh'n die Wolken her von Süden.
Und Sonn' und Regen labt das stille Land.
Und alles Nahe neigt sich her im Frieden.

Ich schau hinaus vom Hügel in das Tal.
Die Wiesen blüh'n. Das Korn bricht aus den Ähren.
Doch dort am Hang, der aufgerissene Wall
will mir das Schweifen in die Ferne wehren.

Dahinter gähnt die Öde meilenweit.
Riedgras und Disteln wuchern auf den Breiten.
Die Höfe modern schon und Einsamkeit
fällt drohend ein aus fremden Steppenweiten.

Da springt ein Schmerz im Herzen auf.
Der Widersinn zerreißt den Frieden.
Vor meinem Schauen steh'n die Toten auf,
die weltverlassen ihre Fluren hüten.

Grenzberg Tillen

Das ist ein Berg!
Auf seinem breiten Rücken
wuchert der Wald.
Weistum, uralt, ruht verborgen
in Strunk und Stein
tief unterm Grün.

Wolken kommen hochgezogen
von Ost und West
und finden keine Rast.
Der Menschen Heimstatt,
sagenreich, versunken,
wann blüht sie wieder?
Dann wird Friede wach.

Geh seine Pfade aus –
du kannst es nicht;
denn mittendurch zerreißt
ein Halt den Weg.
Willst du nicht bald
in Acht und Bann verwehn,
mußt du dich wenden
von dem Ziel, das lockt.

O, dieser Berg!
Das Hüben und das Drüben
liegt weltenschwer entfremdet
und entzweit.
Doch immer, wenn des nachts
die Sterne flirren
zum Wipfelrauschen –
ist er mein und weit.

Am Todesstreifen

Wo unsere Freiheit
zwischen den Drähten schwebt –
alsdann Scheinwerfer tasten
über Stapfen und Schatten
im Sand . . .

ist einer gegangen
sehr weit,
sind viele gegangen,
nicht angekommen
ganz nah
zwei Meter vom Zaun . . .

Einhundert im Abstand
der Schuß.

Die Welt schweigt.
Und ich?

Im späten Sommer

Unter dem Apfelbaum sitzen
und seh'n:
Ringsum verlockende Fülle,
leuchtende Blumen und Früchte,
Rosen, stolz im Verglüh'n.

Von der fliehenden Sonne
flutet in Wellen das Licht.
Rasen schmiegt sich mir sanft
um die Füße und kühlt.

Dann und wann bricht ein Strahl
in mein Dickicht hernieder.
Innen regt sich's wie im Traum.

Sitzen und Seh'n – ganz inmitten,
alles in allem das Glück?

Apfelbaum, älterer Bruder,
leichtert die Arme. Es fällt
dann und wann eine Frucht.

Nicht wägend Augenblick,
Dauer, bin ich eins
mit dem All.

Illusion

Wer weiß, warum ich an dem trüben Spätwintertag im Hinausschauen ganz unvermittelt einen Sonnenstrahl aufgefangen habe. Mitten aus dem Grau der wässrigen Schneewolken drängt er sich durch und streift über den Garten und das kahle Feld hinweg. Schon regen sich die Bäume ein wenig. Schnee patscht von den schwarzen Ästen hernieder. An den Häusern die Dachrinnen glänzen feucht und von den Eiszapfen sickern helle Wassertropfen.

Ich öffne das Fenster, prüfe schnuppernd die Luft und denke – Frühling. Sonne tönt die Schneezonen am Horizont rosig ein. Nach Wasser schmeckt lauer wehende Luft. Tief hinter dem Goldrand der Wolken zeigt sich schon da und dort ein Durchblick auf den azurblau schimmernden Himmel. Warmer Föhnwind schmeichelt heran und läßt dieses Leuchten und Schmelzen ringsum noch mehr anschwellen.

Das Fenster hab ich nun weit offen. Die Leute auf der Straße haben es eilig wie immer. Ich schaue über Dächer hinweg und bin still. Da dringt an mein Ohr ein wohllautiger Klang. Das muß ein Singvogel sein, der da probt. Es klingt nicht hart und schrill wie das Schilpern der Spatzen, auch nicht so hell wie der Bittewittruf hungriger Meisen. Vielleicht ist es doch schon ein Star, hoffe ich.

Da – wieder, gar nicht fern! Ein wenig langgezogen tönt es und zaghaft noch, seltsam fremd über dem Schnee. Was doch ein Sonnenblick Wunder tun kann! Eine Amsel ist es, die da ansetzt zum Singen. Groß und schwarz hockt sie dort auf dem starrästigen Apfelbaum. Der gelbe Schnabel leuchtet. Näher ans Fenster kommt sie gar heran, ruft und lockt, und zwischendurch schüttelt und plustert sie das glänzende Gefieder, wenn sie ein paar goldene Töne auf und ab gerollt hat.

Weitersingen, Frühling zaubern, das ist mein Wunsch. Ich werfe, weil ich den Vogel heranziehen will, mit beiden Händen Futter hin. Dies aber schreckt ihn hinweg; nichts ahnt er vom menschlichen Tun und Wünschen. Vorbei der liebliche Sang, der ohnedies nicht mir gegolten hat. Wolken haben gleich auch die Sonne wieder verhängt. Kalt ist es wie vorher, trüber Spätwintertag.

Was wollt ich das Glück auch füttern, ich dummer, gröblicher Mensch.

Anton Schreigg: Rückschauend auf runde 70 Jahre, frage ich mich, was bleibt? Die Erfahrung sagt, am sichersten lebt weiter, was an Leistung eingegangen ist in's Allgemeine. So bin ich's zufrieden. Gern nenne ich mich einen Grenzländer. In Waldsassen 1913 geboren, gern auch im Egerland, hat dieser häufige Wechsel von Hüben und Drüben das Grundgefühl für volksmäßige Zusammengehörigkeit und das Selbstbestimmungsrecht und das Geschichtsbewußtsein gestärkt. Mein Vater war Zollbeamter, um die Jahrhundertwende zog die Familie von Eger nach Waldsassen, wo damals ein Hauptzollamt war. Drei meiner älteren Schwestern sind in Eger geboren. Eine Schwester war in Karlsbad verheiratet. Gute Bildungsgrundlagen verdanke ich dem Gymnasium und besonders der Lehrerbildungsanstalt in Amberg. Ab 1934 hab ich als Aushilfslehrer gut ein Dutzend Grenzlandschulen aushilfsweise betreut bis zur festen Anstellung auf der Ottengrüner Kappl. Es war kein leichter

Weg: der 1. Weltkrieg, Hunger, Inflation, Turbulenz der Politik, aber ein prächtiges Familienleben mit 7 Geschwistern, ich als der Jüngste!

Nach Auflösung der Bayernwacht trat ich 1934 der NSDAP bei. Den Austritt erklärte ich nach Errichtung des Protektorats mit Hinweis auf den Bruch des Selbstbestimmungsrechtes. Ich war bis dahin Pressereferent des Bundes Deutscher Osten nebenher. Zum Kriegsbeginn wurde ich sofort eingezogen. Meine Kritik an Hitlers Politik trug mir im Mai 1942 über das Kriegsgericht schwere Freiheitsstrafe ein, dazu Rangverlust, Ausschluß aus der Schrifttumskammer usw. Der Strafvollzug war lebensbedrohend. Mit Frontbewährung kam ich schließlich in den Kurlandkessel und so bis Sommer 1948 in sowjetische Kriegsgefangenschaft. Es ging oft ums Überleben. Aus der Ehe mit Eva, geb. Sarfert, gingen nach Heimkehr drei Söhne hervor. Nun sind schon zwei Schwiegertöchter und vier Enkel zu vermelden.

Lehrer bin ich gern wieder geworden, hab mich fortgebildet stets, auch 3 Monate in USA. Zuletzt war ich ab 1960 bis 1978 für die Realschulen als Ministerialbeauftragter wirksam. Der Nordgaubewegung, eng verbunden mit Dr. Schauwecker, diente ich in Eger schon. Genug von all dem! Das Leben war bewegt, hart und schön. Wenn zu allem ein wenig übrig bleibt von meinem Kunstschaffen, dann ist's genug.

Hellmut Walters

Die Blumen

Während sie die einzelnen Gepäckstücke auf der alten Getreidewaage abwogen, dachte der Mann: Wie viele Säkke mögen auf dieser Waage schon abgewogen worden sein, viele Tausende mußten es gewesen sein, gutes Getreide, denn das Land war fruchtbar und sein Weizen bekannt. Auch dieses Jahr war die Ernte gut gewesen, sie hatten sie in die Scheunen schaffen dürfen, und jetzt, nachdem die Hauptarbeit getan war, mußten sie ihren Hof und ihr Land verlassen.

„Seit 1740," sagte der Mann.

„Tu mir einen Gefallen," sagte die Frau, „sag nicht dauernd: seit 1740."

„Ja, aber da ist es eingebrannt, im Türbalken. Seit Maria Theresia."

„Ja, ich weiß, da ist sie an die Regierung gekommen. Und in Preußen Friedrich der Große – du hast es uns oft genug erzählt. Komm pack' lieber mit an! Wie lang ist noch Zeit?"

„In einer halben Stunde müssen wir dort sein. Aber wir sind ja schon fast fertig."

„Ja, fast. Die Fotos muß ich noch einnähen."

„Ist das nicht zu riskant?"

„Möglich, aber es muß sein. Alles andere kannst du wieder mal kriegen, Fotos nicht. Die sind einmalig, unersetzlich."

Fotos sind Papier, dachte der Junge. Er war sechszehn, er schrieb seine ersten Gedichte, und er überlegte jetzt schon eine ganze Weile, was er tun könnte, um sich hier in diesem Haus, in dem er aufgewachsen war, festzuhalten.

Irgendwie, dachte er, muß ich mich verewigen. Er mußte etwas hinterlassen, was ihn bezeugen konnte. Eine Kerbe, dachte er, eine so tiefe, daß er später, wenn er wiederkam, den Finger in den Schnitt hineinlegen und auf diese Weise wissen konnte, daß er nicht geträumt hatte. Aber es war zu spät. Der Gedanke, in dem Holz dieses Hauses sich einzukerben, war ihm zu spät gekommen, und der Junge dachte: In den Jahren, die noch kommen, ja bis an mein Lebensende werde ich immer wieder daran denken müssen, daß ich jetzt hier in diesem Haus, Minuten bevor wir es für lange Zeit, vielleicht für immer, verlassen, gedacht habe: Es ist zu spät.

Ja, das war das einzige, was ihm jetzt noch blieb. Er lächelte etwas wehmütig und blickte auf seine Schwester, die das alles noch nicht verstand, aber einen kräftigen Willen, den hatte sie: auf ihrer Puppe hatte sie ebenso bestanden wie auf ihrem eigenen Gepäck, sie mußte auch einen Koffer und einen Rucksack haben.

Das ist ein Bild, dachte der Junge, das ich festhalten muß: wie sie so dasitzt neben Onkel Anton und die Puppe im Arm hält.

Seit der Junge sich erinnern konnte, hockte Onkel Anton, die Bibel vor sich auf dem Tisch, auf der Wandbank, als hätte ihn der Steinmetz so aus der Mauer herausgehauen. Die Augen lagen klar und ruhig unter dem Vordach der Brauen, Nasenrücken und Mund setzten dem Gesicht kantige Akzente, doch kamen die Worte nicht scharf und kalt aus seinem Mund, stets schienen sie durch längeres Überlegen entschärft und vorgewärmt, obwohl seine Stimme manchmal knarrte wie das Holz in dem alten Haus. Wenn er redete, nahm er die Lippen weit auseinander, so daß sich die lederne Haut in Falten hochschob und die Backenknochen nahezu verdeckte.

„Vergeßt die Tauben nicht," sagte er.

„Was will er?" fragte die Frau.

Der Mann machte eine wegwerfende Handbewegung und sagte: „Ach, du kennst ihn ja."

„Habt ihr gehört," rief Anton, „die Tauben in die Arche!"

„Ja, ja," sagte der Mann.

Und die Frau sagte: „Ist schon recht."

Anton lächelte zufrieden, dann nahm er das Lächeln zurück, doch sein Gesicht wurde nicht zu ernsthaft dabei, und er sagte es eher beiläufig und wie immer, wenn er aus dem Buch zitierte, auswendig: „Gott sah sich die Erde an: Sie war verdorben. Denn alle Wesen aus Fleisch auf der Erde lebten verkehrt und verdorben."

„Anton, hör auf!" rief die Frau. „Willst du mich noch ganz verrückt machen?"

„Du sollst aufhören," sagte der Mann.

Anton hörte nicht auf, mit einer Spur von trotzigem Stolz fuhr er fort: „Da sprach Gott zu Noah: Ich sehe, das Ende aller Wesen aus Fleisch ist da. Denn durch sie ist die Erde voller Gewalttat. Nun will ich sie zugleich mit der Erde verderben –"

„Verdammt, Anton," rief die Frau, „wenn du nicht auf der Stelle aufhörst!"

„Schon gut," sagte Anton, „aber vergeßt nur die Tauben nicht!"

„Warum die Tauben?" fragte der Mann.

„Damit ihr sie ausschicken könnt, nach vierzig Tagen," sagte Anton.

„Und wenn sie nicht mehr zurückkommen zu euch, dann wißt ihr, daß die Katastrophe vorbei ist. Dann wißt ihr, daß ihr wieder Grund unter die Füße kriegt."

„Wir kriegen keinen Grund mehr unter die Füße," sagte

der Mann.

„Nein," sagte die Frau, „wir nicht mehr."

„Doch," sagte Anton, „der Herr hat's verheißen."

„Naja," sagte die Frau.

Und der Mann sagte: „Ist gut, Anton. Jetzt komm schön und mach dich fertig."

„Warum?" fragte Anton.

„Weil wir gehen müssen," antwortete der Mann.

„Wohin?" fragte Anton.

„Wohin, wohin!" rief die Frau ungehalten.

„Zunächst mal zur Sammelstelle," sagte der Mann, noch immer ruhig.

„Und dann?" fragte Anton.

„Ins Lager," sagte der Mann. „Komm, es wird Zeit."

„Ich gehe nicht," sagte Anton, „ich habe nichts verbrochen."

„Als ob es darauf ankäme," sagte der Mann.

„Doch, darauf kommt es an," sagte Anton. „Gehen muß, wer etwas verbrochen hat. Ich bin kein Verbrecher."

„Anton," beschwor ihn der Mann, „du verstehst –"

„Ja," unterbrach ihn Anton, „du hast recht, ich verstehe diese Welt nicht mehr. Hier bin ich geboren, drüben in der Kammer, hierher gehöre ich, in dieses Haus, da ist mein Platz, da sitze ich nun schon seit ich denken kann, sechsundsiebzig bin ich alt geworden, in Ehren und Rechtschaffenheit, und hier will ich sterben, hier in meinem Haus, nicht in der Fremde. Oder reißt man heutzutage alte Bäume aus?"

„Ja," sagte der Mann, „das tut man."

„Dann ist die Welt nicht mehr in Ordnung," sagte Anton. „Und es ist gut, daß die Sintflut kommt."

„Sie ist schon da," sagte der Mann, „das Land steht unter Wasser, wir müssen uns beeilen, komm!"

„Onkel Anton, komm!" sagte der Junge.

„Komm, ich geh mit dir," sagte das Mädchen, „wir gehen zusammen, ja?"

Anton saß da wie aus Granit. Sein Gesicht verriet nichts von dem, war in ihm vorging, und erst bevor er das Kinn anhob, um das vorgewärmte Wort zu sagen, zuckte es kurz um seinen Mund. „Gut," sagte er endlich, und er langte nach der Bibel.

„Die kannst du nicht mitnehmen," sagte die Frau, „die ist zu schwer, 30 Kilo pro Person, außerdem ist alles schon verschnürt."

„Ich trag sie in der Hand," sagte Anton.

„Sie ist zu schwer für dich," sagte die Frau.

„Nein," beharrte Anton. „Viel hab ich ja sowieso nicht, oder?"

„Wir haben etwas für dich eingepackt," sagte die Frau. „Komm, laß sie da."

„Nein," rief Anton zornig.

„Laß ihn doch," sagte der Mann.

„Und dann wunderst du dich," sagte die Frau, „wenn das Kind die Puppe mitnehmen will."

„Er ist ein Kind," sagte der Mann leise.

Sie gingen jetzt. Obwohl der Tag nur schwachwindig und etwas feucht, doch keineswegs kalt war, hatten sie sich warm angezogen, weil sie auf diese Weise mehr an Unterwäsche und Kleidung mit herausbringen konnten, und außerdem gingen sie dem Winter entgegen. Sie zogen Mäntel an, setzten Kopfbedeckungen auf und nahmen dann das Gepäck auf, das im Vorraum bereitstand. Der Mann ging als letzter, weil er den Schlüssel hatte und absperren mußte, und er dachte, wie oft er diese Türe schon abgesperrt hatte in seinem Leben und daß er sie nie mehr aufsperren würde. Wenn ich den Schlüssel abliefere, dachte er, gebe ich das Haus aus der Hand. Wenn ich ihn einem der Kommissare oder Gendarme aushändige oder so auf den Tisch hinlege, dann ist die Sache abgeschlossen, dann ist unsere Geschichte hier zu Ende, dachte er, und er warf den letzten Blick auf den Querbalken und nahm noch einmal die Jahreszahl 1740 und das C+M+B 1946 in seinen Blick, als wollte er es möglichst lange, wenn nicht für immer festhalten, dann drehte er den Schlüssel zweimal kräftig um, zog ihn ab und sagte:

„Gehen wir."

„In Gottes Namen," setzte Anton hinzu.

Anton und das Mädchen gingen nebeneinander. Das Mädchen hatte den kleinen Rucksack geschultert, in der rechten Hand trug es die Puppe, in der linken den Kinderkoffer. Anton war zu schwach, um etwas zu tragen. Nur das Buch hielt er mit der rechten Hand umklammert und an die Hüfte gedrückt, während er die linke auf den Stock stützte. Stolz ging das Mädchen neben Onkel Anton, und es spürte sehr deutlich, daß sie zusammengehörten, weil sie beide etwas hatten, was sie unbedingt brauchten und was sie um keinen Preis hergeben durften. Plötzlich sprach Anton halblaut, aber doch so, daß man es verstehen konnte: „Nackt kam ich hervor aus dem Schoß meiner Mutter, nackt gehe ich dahin zurück. Der Herr hat gegeben, der Herr hat genommen, gepriesen sei der Name des Herrn. Bei alldem sündigte Hiob nicht–"

„Anton, ich bitte dich!" unterbrach ihn die Frau scharf.

„Schon gut," sagte Anton, „schon gut."

Kurz vor dem Hoftor blieb die Frau stehen und stellte den Koffer ab. Ihrem Gesicht war anzusehen, daß sie sich ärgerte, weil sie etwas vergessen hatte.

„Gib mir nochmal den Schlüssel," sagte sie.

„Warum denn?" fragte der Mann.

„Die Blumen," sagte die Frau.

Der Mann zog die Stirn in Falten und machte ein ungläubiges, nahezu entsetztes Gesicht.

„Ich wollte ihnen doch noch Wasser geben," sagte die Frau, „damit sie durchhalten."

Der Mann gab ihr den Schlüssel, und während sie aufsperrte und ins Haus ging, dachte er: Die Frau ist verrückt, was meint sie denn mit „durchhalten"? Er bedeutete den anderen, etwas zu warten, und er selbst ging einige Schritte zurück. Er schüttelte unentwegt den Kopf, und er dachte: Sie geht nicht eher, als bis alles in Ordnung ist. Ich kenne sie. Und er konnte sich genau vorstellen, wie sie drinnen jetzt die Blumen goß, eine Topfpflanze nach der anderen, wie sie von Fenster zu Fenster ging; er hatte in den dreißig Jahren, die sie verheiratet waren, ja oft genug Gelegenheit gehabt, zu beobachten, mit welcher Sorgfalt sie die Blumen goß. Ja, es war geradezu Hingabe, mit der sie es tat, so verrückt war sie auf Blumen; ihre Blumen waren ihr Stolz. Nein, dachte er, das ist nicht zuviel gesagt. Er selbst verstand ja nichts davon, aber er mußte zugeben, daß es schön aussah, wenn die Fenster so bunt und so frisch waren. Einen Augenblick lang dachte er daran, ins Haus hineinzurufen und zu fragen, ob sie die Zeit vergessen habe und ob sie ewig auf sie warten sollten, aber dann tat er es doch nicht und wartete geduldig, bis sie wieder herauskam.

Als sie wieder herauskam, sagte sie nichts, sie nickte nur, und ihr Gesicht hatte einen zufriedenen Ausdruck.

Der Mann blickte sie kurz an und schüttelte dann wieder den Kopf, aber nicht so wie vorhin, jetzt war bei aller Fragwürdigkeit ein wenig Verständnis, ja Bewunderung dabei.

Dann gingen sie endgültig und verließen den Hof. Der Mann hätte die Frau gern untergehakt, aber er hatte zu schwer zu tragen. Da und dort kamen aus den Höfen die

Menschen, mit denen sie nahezu ein Leben lang gemeinsam gelebt hatten, und sie gingen jetzt auch diesen Weg gemeinsam. Sie wurden immer mehr, und bald war es ein langer Zug. Sie gingen in eine Zukunft, die ungewiß war und dunkel, aber immer wenn der Mann an die Frau und die Blumen dachte, kam es ihm vor, als fiele etwas Licht auf ihren Weg.

Aphorismen

Wenn für die Ewigkeit Gebautes immer wieder zusammenstürzt wie ein Kartenhaus, so deswegen, weil man immer wieder den Eckstein verwirft.

Jedes Licht braucht für seinen Auftritt das Dunkel.

Klassisches ist so vollkommen, daß man es ruhigen Gewissens ad acta legen kann; Fragmentarisches ist unvollkommen, also muß man sich mit ihm noch beschäftigen.

Ein Lyriker ist ein Mensch, der glaubt, die Monatsmiete mit dem Duft von Rosenblüten bezahlen zu können.

Aus den gerissenen Geduldsfäden dreht die Ungeduld sich einen Strick.

Eine Hand wäscht die andere: deswegen haben die meisten Menschen alle Hände voll zu tun.

Vierhändig oder Nationale Noten

Diese Geschichte stammt aus dem Nachlaß meines Vaters, und sie führt zurück in seine böhmische Heimat, und zwar zunächst in eine Zeit, in der es, wie er erzählte, in keiner Weise außergewöhnlich gewesen sei, daß ein Deutscher neben einem Tschechen vor dem Klavier saß und daß sie vierhändig spielten. Die späteren Ereignisse bildeten den Grund, wenn auch keinen guten, dafür, daß man früher Selbstverständliches heute immer wieder betonen müsse.

Da saßen sie also, dem Geiste der Musik verschworen, nebeneinander im Speisezimmer und durchspielten, zur stillen Verzweiflung meiner Mutter, der die Arbeit derart über den Kopf wuchs, daß sie sich, wie sie es ausdrückte, nicht mehr herausschaute, sommerliche Nachmittage und winterliche Abende vierhändig. Ihr Repertoire, wiewohl es Unterhaltsames und Volkstümliches nicht ausschloß, war vorzugsweise klassisch. Die Bretter des Notenregals bogen sich mit den Jahren immer stärker durch, die Notenstapel links und rechts neben dem Klavier wuchsen rascher als die Sonnenblumen im Garten; ein väterlicher Vergleich, den die Mutter, indem sie ihn benickte, gelten ließ.

Und wer neben meinem Vater saß? Wer sonst als Jan Kosak, bei uns und in der Nachbarschaft das Urbild des böhmischen Musikanten. Musik schon mit der Muttermilch. Aus armen Verhältnissen kommend, konnte er von einem Konservatorium und teueren Instrumenten nur träumen, besaß er zunächst lediglich eine Geige, hatte er fraglos zu werden, was sein Vater war; so arbeitete er als Bergmann in einem Steinkohleschacht, sparte die Heller, wo es ging, um sich Noten zu kaufen und später dann, als er nebenher Musikstunden gab, eine Posaune. Ein Grubenunglück machte ihn früh zum Invaliden; die schmale Rente wurde mit den Einnahmen aus den Musikstunden aufgestockt; außerdem ging Kosak den Leuten zur Hand, er flickte Fahrradschläuche, reparierte Wasserpumpen, war geschickt und war gefragt. Ein Gastwirt, dem er öfter aushalf, erlaubte ihm das schon etwas ramponierte Klavier im Separatzimmer zu benützen, und Kosak übte so leidenschaftlich, daß er auch dieses Instrument in einer Zeitspanne, die normalerweise Czernys Etuden beanspruchen, meisterlich beherrschte. Sein Traum war es, selbst ein Klavier zu besitzen, und immer heftiger, ja geradezu krankhaft wurde mit den Jahren seine Sehnsucht danach. Aber, so habe Kosak gemeint, da müsse schon etwas Besonderes, ja etwas ganz Außergewöhnliches passieren, wenn er je zu einem Klavier kommen sollte. Na, und das, so der Vater, sei denn ja auch passiert.

Das Besondere fällt nicht aus den Wolken, in der Regel schickt es seine Quartiermeister voraus. Auch Klavier spielt man nicht in einem Vakuum; eine Zeitlang mag man die Welt dabei vergessen, doch dann fallen die Schatten, von der Straße her, wieder auf die Tasten und auf die Hände, so daß die Finger heimlich zu zittern beginnen. Indes, es bleibt festzuhalten, daß Jan Kosak und mein Vater den Schatten sehr lange Widerstand entgegensetzten. Als Chauvinismus, und zwar auf beiden Seiten, das Denken verengte, als die gute böhmische Luft nicht nur in den Städten, auch auf dem Lande wieder einmal vergiftet war, als man in den Straßen Haßgesänge plärrte, als es kaum jemand mehr wagte, alte Kontakte aufrechtzuerhalten, da spielten Jan Kosak und mein Vater immer noch vierhändig; und erst an dem Tage, an dem ein Mikrophon in Nürnberg hineingebrüllt bekam, daß er, der Brüllende, hier stehe und ein Herr Benesch dort und daß dieser jetzt zu wählen habe zwischen Krieg und Frieden, ging die musikalische Epoche, wie der Vater seine Zeit mit Kosak nannte, zu Ende; übrigens nicht zum Aufatmen der Mutter, die jetzt vielmehr der stillen Verzweiflung darüber anheimfiel, daß die Tage es nicht gestatteten, sie vierhändig zu durchspielen.

Allein die Zeit fordert ihren Tribut, auch böhmische Musikanten haben ihn zu zahlen. So besiegelte man ein, wie man meinte, vorläufiges Ende mit freundschaftlicher Verbundenheit. Begegnete man einander, so ließ man, nachdem das Wetter kommentiert war, klassische Erinnerungen anklingen. Der Krieg, der bald darauf kam, holte den Vater, um ihn uns erst kurz vor seinem Ende, verwundet, zurückzugeben; während der Abwesenheit des Vaters kam Jan Kosak nur, wenn die Mutter ihn bat, diese oder jene Reparatur auszuführen; dann hing er, sofern er im Speisezimmer zu tun hatte oder die Türe offenstand, mit seinen Blicken, die mit der Zeit nichts von der krankhaften Sehnsucht verloren, an dem Klavier.

Bald erfolgten die letzten Trommelschläge dieses, in der Formulierung des Vaters, barbarischen Intermezzos einer im Grunde ganz und gar unmusikalischen Zeit. Und dann kam das Ende mit der Entladung des Hasses auf alles, was deutsch war in diesem Lande; die Zeit der Demütigungen, Schikanen, Ausschreitungen; da die Deutschen weiße Armbinden zu tragen hatten, da sie, sofern nicht aus Häusern und Wohnungen gejagt, nach und nach abzuliefern hatten, was auch nur einigermaßen von Wert war: Rundfunkgeräte, elektrische Geräte, Fotoapparate, Dokumente, Sparkassenbücher, Schmuck – eine Liste, die täglich länger wurde; immer wieder wurden von Angehörigen der Revolutionsgarde, vorwiegend jungen Burschen, denen die Rache im Gesicht stand, Hausdurchsuchungen vorgenommen.

Da war es also, freilich ganz anders, als Kosak es sich je vorgestellt haben mochte, das Besondere, ja das ganz Außergewöhnliche.

Eines Abends kam er, keineswegs zur Überraschung des Vaters, der sich über den eigentlichen Zweck des Besuches von Anfang an im klaren war. Und sie redeten tatsächlich nicht nur, wie üblich, über das Wetter, sondern ganz allgemein über das Klima, wie es sich in diesem Lande entwikkelt hatte und in absehbarer Zukunft entwickeln würde, wobei sich herausstellte, daß Kosak gut informiert war: die Ablieferung der Musikinstrumente stehe unmittelbar bevor, und bei der endgültigen Ausweisung, die als Tatsache, ob man sie nun glauben wolle oder nicht, unverrückbar feststehe, seien pro Person allenfalls 30 Kilo Gepäck in Anschlag zu bringen, und da habe er gedacht, bevor es in unrechte Hände komme, und der Vater sagte rasch ja und selbstverständlich; auch er habe daran schon gedacht, und er sei froh darüber, daß es nicht in unrechte, sondern in die rechten Hände komme.

Am folgenden Nachmittag, als Kosak erschien, um den Abtransport des Klaviers vorzunehmen, wurde er Zeuge einer Hausdurchsuchung, die bereits, als er, etwas unsicher, über die Schwelle der sperrangelweit offenstehenden Wohnungstür trat, in vollem Gange war. Revolutionsgardisten waren dabei, Schränke und Kommoden zu durchwühlen, an sich zu raffen, was ihnen gefiel, und die Sachen durch die Schlafzimmerfenster auf einen Lastwagen zu werfen. Kosak mußte mitansehen, wie einer von ihnen den Bücherschrank aufriß, die Bücher reihenweise auf den Fußboden fegte und sie mit den Stiefeln aus dem Leim stampfte. Als er nachher auf das Klavier zusteuerte, um offensichtlich über die Notenalben herzufallen, ja möglicherweise das Klavier zu demolieren, da war es Kosak, der nicht mehr an sich halten konnte und, ihm den Weg verstellend, dazwischentrat. Nech to! rief er, vor Erregung zitternd, to nejsou nemecké nóty! Laß das! rief er, das sind keine deutschen Noten! Und seine Hand deutete auf den Notenstapel. Obenauf lag ein Klavierauszug aus Smetanas Zyklus „Mein Vaterland". Zufall, wie der Vater versicherte, keineswegs eine Vorsichtsmaßnahme seinerseits. Eine ganze Weile hatte Kosak dem Blick seines Landsmannes standzuhalten, bis dieser sich endlich abwandte und ging, um sich nebenan abzureagieren. Dann trat Kosak an den Vater heran, klopfte ihm, etwas verlegen, auf die Schulter und sagte: Mein Gott, nationale Noten, Entschuldigung!

Das hätte, so der Vater, genügt, Jan Kosak nicht zu vergessen. Doch im Gegensatz zu den meisten Geschichten, die das Leben schreibt und die bekanntermaßen recht bruchstückhaft bleiben, so daß man sich am Ende ein Jenseits vorbehält, damit sie ihre Richtigkeit fänden, indem sie Fortsetzung, ja Vollendung erfahren, sollte dieser Geschichte eine gewisse Abrundung zuteil werden, die an einem Septembermorgen des Jahres 1968, also dreiundzwanzig Jahre später, mit dem Eintreffen eines Briefes des Inhalts einsetzte, daß er, Kosak, jetzt in Bayern sei und hier, in einer alten, musikalischen Stadt, in der drei Flüsse sehr eindrucksvoll sich vereinigten, vorerst zu bleiben gedenke, nachdem der Prager Frühling so erbarmungslos niedergewalzt worden sei. So könnten heutzutage kurze Auslandsreisen zu langen neuen Lebensabschnitten werden. Mehr als 30 Kilo wären es auch bei ihm nicht gewesen. Vom Klavier nicht zu reden, wenn er wenigstens seine Geige dabeigehabt hätte, doch besitze er inzwischen eine andere und zähle zum Ensemble des Städtischen Theaterorchesters. Unsere Adresse habe er von den Daniels in Hanau. Seine

Erinnerungen an die musikalische Epoche preßte er in den Schlußsatz: Wo ist nur die Zeit hingekommen, wo wir vierhändig gespielt haben?! Ja, mit Frage- und Ausrufezeichen stand es da, worauf der Vater besonders aufmerksam machte und hinzusetzte: Ja, wohin nur?

Und nicht lange nach Erhalt des Briefes fuhr er, nachdem er ein passendes Geschenk in blumig bedrucktes Papier verpackt hatte, in die Stadt, in der die drei Flüsse so eindrucksvoll sich vereinigen. Er überraschte Kosak in einem bescheiden möblierten Zimmer in der Innstraße in unmittelbarer Nähe des ehemals Fürstbischöflichen Opernhauses, in dem er jetzt tätig war. Der Vater legte, was er mitgebracht hatte, auf den Tisch. Das wäre, sagte Kosak, nicht notwendig gewesen. Doch, sagte der Vater, das war notwendig. Und als Kosak, ehe er sich daran machte, das Verpackungspapier zu entfernen, fragte: Was ist das? antwortete der Vater nicht sogleich, vielmehr blickte er ihm kurz in die Augen. Das sind, sagte er schließlich, tschechische Noten, Ja, und dann lagen vor Kosaks Blick Smetanas „Mein Vaterland" und Dvořáks „Slawische Tänze", zudem eine Langspielplatte mit Dvořáks Fünfter „Aus der Neuen Welt".

Kosak konnte, erzählte der Vater, in diesem Augenblick nichts sagen. Er stand nur so da und betrachtete, was auf dem Tisch lag, und es verfloß Zeit, während der Vater, am Fenster stehend, auf den lehmfarben sich dahinwälzenden Fluß hinunterschaute, bis Kosak in die angereicherte Stille hinein endlich sagte: Tschechische Noten. Bis jetzt habe ich nicht gewußt, daß es so etwas gibt. Und dann trat er zu meinem Vater ans Fenster, und sie blickten eine Zeitlang gemeinsam auf den Fluß hinunter, der, ehe er in den anderen einzumünden hat, so episch und gelassen sich verabschiedet, als habe er keinen weiten Weg zurückgelegt.

Hellmut Walters, geb. 1930 in Obersekerschan bei Pilsen. Studium der Germanistik, Anglistik und Geschichte an verschiedenen Universitäten. Dr. phil., Studiendirektor am Adalbert-Stifter-Gymnasium Passau. Mitglied der Europäischen Autorenvereinigung DIE KOGGE, der Eßlinger Künstlergilde, des PEN-Clubs, der Regensburger Schriftstellergruppe, der Sudetendeutschen Akademie der Wissenschaften und Künste. Mehrfach ausgezeichnet, u.a. mit dem Andreas-Gryphius-Förderpreis 1968, dem Erzählerpreis des Ostdeutschen Kulturrates 1975, 1978 und 1980. – Veröffentlichungen: »Boschenkas große Reise«, Erzählung (1964; illustrierte Neuausgabe 1971); »Pulsschläge«, Erzählungen (1965); »Plädoyer für Wechselrahmen«, Roman (1966; Taschenbuchausgabe unter dem Titel »Nie mehr nach Kaplowitz«, 1971); »Kerbzeichen«, Gedichte (1967); »Der Mann ohne Ausweis«, Roman (1969); »Jeder Mensch hat eine Verwandtschaft«, Erzählung (1969); »So ein kleines Paradies«, Erzählungen (1972); »Mehr Respekt vor Radobschan«, Böhmische Geschichten (1972); »Farben und Fraktur«, Gedichte (1973); »Zungenschläge«, Aphorismen (1976); »Dammbruch«, Roman (1979); »Vierhändig oder Nationale Noten«, Erzählungen (1979); »Nach Hause in die weite Welt«, Erzählungen (1980); »Wenn die Wörter Kopfstand machen«, Aphorismen (1981). In der Reihe der Marburger Bogendrucke erschienen von ihm: »Wind im Sieb«, Gedichte (1964); »Wer abseits steht, wird zurüchgepfiffen«, Aphorismen (1972); »Johannespassion«, Erzählung (1978).

Franz Wittmann

Im Winterquartier

Für uns Kinder kam der Anlaß für einen monatelangen Nervenkitzel völlig überraschend. Wir vergaßen darüber sogar unser geliebtes Räuber- und Gendarmspielen – denn der Zirkus Mortensen hatte am Dorfrand neben dem Sportplatz sein Winterquartier bezogen. Es würde zu weit führen, die Unzahl von Abenteuern, die sich uns boten, im einzelnen anzuführen. Was mir stetig in der Erinnerung haften blieb, war ein Ereignis, das ich erst später erfuhr, und das sich damals abspielte, während wir nur Augen für die Menagerie und das Leben der Zirkusleute in ihren Wohnwagen hatten.

„Ich werde jetzt zu Joe rübergehen", sagte Tom zu Leila. Kaum jemand konnte sich die Tatsache vorstellen, daß Tom und diese zierliche, kleine Frau an seiner Seite ein Paar sind. Tom, der Preisboxer, dessen Hemdsärmel beim Spiel der Muskeln bebten wie ein Vorhang, den ein leichter Wind bewegt, und Leila, die zarte, feinnervige Zirkusreiterin – fürwahr, ein seltsames Paar. Im letzten Sommer hatten sie Hochzeit.

„Bleib da, Tom", bat sie, „ich habe ein ungutes Gefühl. Du wirst mich nicht verstehen, du kannst mich auslachen – aber es ist nun einmal da. Bitte, bleibe!"

Tom, der Riese, wie sie ihn nannten, ging jeden Spätnachmittag zu Joe rüber, in die „Quick-Bar", wie in weißen Buchstaben an die Wand eines großen Wohnwagens geschrieben war. Die ersten paarmal ging er lediglich, um die Langeweile des Winterquartiers zu vergessen, wobei er ein oder zwei kleine Helle trank. Je öfter er jedoch kam, um so deutlicher merkte er, was er anfangs nur ganz vage vermutete: Die Gespräche an den Tischen, die von der Innenwand abgeklappt waren, und das Treiben an den Barhokkern vor der kleinen Theke wurden bei seinem Eintreten leiser. Und er glaubte auch zu bemerken, wie sich einige Männer, die er mit seinen Blicken streifte, leicht duckten. Von da kam Tom täglich, denn je öfter er seinen Barhocker erglomm, desto sicherer verspürte er das kurze Verstummen des Lärms, mit um so größer werdender Gewißheit fühlte er das Ducken der Pferdepfleger und Tierwärter, der Kollegen, die wie er im Programm auftraten. Schließlich meinte er, alle Blicke seien auf ihn gerichtet, sobald er in der Tür erschien. Er sagte sich, daß dies mit seinen gewaltigen Körpermaßen zusammenhängen müsse, und er freute sich über den Respekt, der ihn in Joes Bar entgegenwehte. Er empfand die Situation so, wie wenn im weiten Rund unter der Zirkuskuppel alle leicht erschauderten, als es hieß, jeder könne hundert Kronen gewinnen, der im Boxkampf „Tom den Riesen" bezwingt.

Aber Tom war nicht sehr gut in der letzten Saison, das wußte er. Weiß der Teufel, aber besonders nach der Hochzeit mit Leila fühlte er sich oft nicht wohl. Ich werde doch nicht krank sein, rätselte er. Ich darf nicht krank werden, nahm er sich vor, jetzt, da ich für eine Frau sorgen muß. Und trotzdem wurde ihm sogar einmal richtig übel, als er die Arena betrat.

Im Unterbewußtsein dämmerte ihm, daß die Stunde bei Joe ihm gut tat, seine Selbstsicherheit stärkte. Er mußte jeden Tag einmal rüber zu Joe, er brauchte diesen Gang, diese knappe Stunde in der Bar, wie das tägliche Brot. In dieser Zeit beherrschte er den Raum, war er der ungewählte, aber uneingeschränkte Herrscher über ein oder zwei Dutzend Menschen, über Statisten und Näherinnen, Makler und Straßenmädchen. Wenn er das Wort ergriff, so schwiegen sie und hörten ihm zu. Alle. Ein oder zwei Dutzend Menschen ehrten Tom, den Riesen.

Das schoß ihn durch den massigen Kopf, ehe er Leila antwortete. Ich kann ihr nicht sagen, daß ich schwach wäre, elendiglich schwach ohne dieses Machtgefühl, das mir der Besuch in Joes Bar gibt.

„Du siehst Gespenster", fuhr er sie ungewollt an. Und sie, diesen Ton nicht gewohnt, denn er war immer weich und gut zu ihr, schwieg. Sie drehte sich um und ging in ihren Wagen. Es muß also sein, erkannte sie, es muß geschehen. Zwar tat er ihr leid, doch sie nahm als vereinbartes Zeichen das Handtuch aus dem Wohnwagenfenster.

Ihr Verhalten machte Tom ärgerlich, und brummend tappte er den Weg hinab, wie ein Klotz oder wie ein Dinosaurier aus der Urzeit. Je mehr er über die Szene nachdachte, um so störrischer wurde er. Als er die Bar erreicht hatte, stieß er die Tür mit dem Fuß auf, daß sie gegen die Wand prallte und wieder zurückschlug. Die Hände tief in die Hosentaschen vergraben, steuerte er der Theke zu. Er schob zwischen die Zähne ein abgebranntes Streichholz und schielte nach links und nach rechts, um zu erkennen, wie die Männer sich duckten und die Frauen seine Muskelpakete musterten. Mit feinem Ohr lauschte er, ob die Unterhaltung im Raum einen Moment abflauen und nach dieser Hemmung nur langsam wieder zur normalen Lautstärke anschwellen würde. –

Doch heute war es anders.

In das abebbende Gewirr der Stimmen drang ein heiseres Lachen; herausfordernd klang es und aufreizend. In Tom stieg kurz ein unbehagliches Gefühl auf, und er dachte an Leilas Worte, an ihre Warnung. Da ertönte schon wieder dieses Lachen, und augenblicklich geriet Tom in Wut. Sein Fuß stockte, und er sah finster auf den jungen Mann, der an der Theke stand und ihn aufdringlich anfeixte. Toms Auftritt war plötzlich von Spannung erfüllt. Alle, die den „Riesen" kannten, erfaßten die prickelnde Lage und rutschten, ohne es zu wollen und zu wissen, unruhig hin und her. Sie beobachteten Tom und den jungen Unbekannten. Der Fremde lachte Tom ins Gesicht und setzte sich auf dessen Hocker.

Er fordert mich heraus, diese halbe Portion, erkannte Tom. Er will mir meine Stunde, meine Herrschaft dieses Stündchens streitig machen. Diese Stunde, die ich brauche, die ich notwendig habe! Ich werde daraus erst recht einen Triumph machen. Alle anderen sahen es kommen, denn Toms Hemdärmel bewegten sich über den Muskeln wie ein Vorhang im Sommerwind. Alle sahen auf seine geballten Fäuste, obwohl er sie noch in den Hosentaschen verstaut hatte.

Ein, zwei Dutzend Menschen hielten den Atem an.

Tom ging auf den Fremden zu und sagte:

„Das ist mein Platz." Seine Stimme wollte er ruhig klingen lassen, und doch vibrierte sie. Er holte die rechte Faust aus der Hosentasche hervor, aber ehe er sich versah, machte es „klatsch". Blitzschnell hatte der Fremde mit der flachen Hand Tom mitten ins Gesicht geschlagen. Es schmerzte kaum, aber das „Klatsch" war allen über das Gehör ins Gemüt gedrungen. Tom sah überrascht und verwundert drein. Dann holte er auch die zweite Faust hervor und schlug nach dem schmächtigen Mann. Es war ein furchtbarer Hieb. Tom drehte die Wucht des Schlages dreimal um die eigene Achse, und er prallte gegen die Wand. Der Fremde hatte sich gelenkig abgeduckt, und bevor der Zirkusboxer wußte, was ihm geschah, machte es wieder „klatsch" und noch ein zweites Mal. Wie ein Kobold war der Fremde um Tom herumgehuscht und hatte ihm zwei kleine, leichte Schläge auf die Wange versetzt.

Tom sah sich um. In den Gesichtern der Gäste las er Erschrockenheit und grenzenloses Staunen. Da tappte er in blinder Wut auf den Fremden zu und holte zum Hieb aus. Ich will vorsichtig sein, taxierte er, ich will mit der Linken vortäuschen und mit der Rechten treffen. Er hatte zu lange gedacht. „Klatsch – klatsch – klatsch" hatte er drei schallende Schläge mitten im Gesicht. Tom spürte nur ein leichtes Brennen auf der Wange. Die Röte, die das ganze Gesicht überzog, rührte mehr von dem blamablen Gelächter her, das in der Bar aufkam. Nun verlor der Koloß schier die Besinnung, er ging dem Fremden nach und schwang seine Fäuste – rumm, rumm – durch die Luft. Geschmeidig wie eine Katze wich der Schmächtige den vernichtenden Prankenhieben aus, Stühle flogen um, Frauen kreischten – und dazwischen war immer wieder das „Klatsch – klatsch" zu hören.

Es war wie ein Hexenspiel, denn der Fremde schien tausend Hände zu haben, und Tom wirkte gegen ihn wie ein schnaubender Donnergott im Zeitlupentempo. Er stolperte über einen Stuhl und fiel der Länge nach hin.

Der Fremde klopfte sich bedächtig den Staub vom Anzug, setzte sich auf den Barhocker, trank sein Glas aus, zahlte und ging. Wenig später rappelte Tom sich schwerfällig hoch, sah aus gläsernen Augen noch einmal in die atemlos verharrende Runde und taumelte schließlich wie ein todwund geschossenes Tier hinaus. –

Im Dunkel einer Pappel stand Leila und wartete. Schnell war der Fremde zu ihr getreten. Er legte seinen Kopf an ihre Schulter und weinte. So standen sie noch, als kurz darauf Tom an ihnen vorbeiwankte.

„Rasch, Sven – wie war's?" drängte Leila. „Ich muß zu ihm!"

„Gehe, Schwesterherz", sagte Sven müde. „Ich habe es nicht gerne getan, nur weil du es wolltest. Er tat mir leid. Aber sicher war diese Lektion gut für ihn. Gehe nur, Leila, er wird dich brauchen, und nur du kannst ihm jetzt helfen. Gehe, Schwester, und werde glücklich mit ihm. Im Innersten ist er gut, dein Tom. Sein Selbstvertrauen wird er wieder in seiner Arbeit finden. Dann wird er es nicht mehr in Joes Bar suchen müssen. Geh' jetzt!"

Rufe

Hosianna, riefen sie! Hoch!
Hilf uns doch, du Wahrhafter,
unser Retter, unser Befreier!
Wir verehren dich!
Wir lobpreisen dich!
Es lebe der König!
Und sie küßten den Saum seines Gewandes.

Kreuziget ihn, riefen sie! Nieder!
Hilf dir selbst, du Anmaßender,
du Schamloser, du Verderber!
Wir verachten dich!
Wir bespucken dich!
Tod dem falschen König!
Und sie geißelten sein Haupt.

Und wenn sie nicht gestorben sind,
rufen sie noch heute.

Ich grüße dich

Ich wünscht, es könnt dich jeden Tag
mein liebes Wort begleiten,
mein Herz dich jeden Glockenschlag
auf deinem Weg geleiten.

Ich wünscht, wir könnten unbesehn
dem allen Glauben schenken,
was wir als Zufall nur verstehn,
und liebend alles lenken.

Ich wünscht, es könnte jeden Tag
zufällig dir begegnen
mein Wort an dich, mein Pulses Schlag:
Wie würd die Gunst ich segnen.

Begegnung

Du bist vorbeigegangen,
und deine Schritte klangen
mir lange noch im Ohr.

Hell hat mein Herz gesungen,
und jäh ist es zersprungen,
als sich dein Schritt verlor.

Bilanz

1871: Mein Großvater
fiel im Kriege.
Er starb
als junger Mann
in Frankreich.

Meines Großvaters Mutter
griff sich ans Herz
und weinte.

1914: Meinen Vaterbrüdern
wurde das Leben genommen.
Sie starben
als junge Männer
in Serbien, Italien, Belgien.

Meines Vaters Mutter
griff sich ans Herz
und weinte.

1939: Meine Brüder
haben das Dasein verloren.
Sie starben
als junge Männer
in Polen, Afrika, Rußland.

Meine Mutter
griff sich ans Herz
und weinte –
und dankte Gott,
daß ich ihr blieb.

Das Lied von Regen und Wind

Liebe den Wind,
der von irgendwo springt
närrisch und blind;
dem es gefällt
zu täuschen die Welt,
hohl im Blätterwerk zu rauschen,
leere Falten aufzubauschen.

Liebe den Regen,
der von obenher bringt
Leben und Segen;
der rinnt allzumal
zu erfrischen das Tal,
trommelnd auf Dächer zu klopfen,
perlend von Schirmen zu tropfen.

Du liebster Wind, streichle mein Gesicht.
Du guter Regen, rausch über mich.
Wie reich wir Menschen sind.

Dichters Worte

Verschlüsselt,
neue Wortgesichter,
Begriffe ausgeglüht,
farbleuchtend,
Stimmungen eingebend,
Beziehungen deutend,
bindend und lösend.

Schlage zu das Buch!
Wähne,
träume,
fühle – und
gehe nach!

Impuls

Müdigkeit bleischwer,
Seelenpein nagt,
Unmut,
tagmüde abgeschlafft.

Ein Vogelruf
in der Dämmerung
bläst
Sauerstoff
in die Adern,
muntert Lidschlag,
träger Wolkenzug plötzlich fliegt.

Das Leben

eine Dampfwolke,
Produkt
von Stoff und Glut,
geballte Kraft,
aufsteigend,
sich verbreitend,
erfassend,
groß –

in sich
zusammenfallend,
verflüchtigend,
auslöschend
kehrt es,
Energie rückwandelnd,
zur toten Materie
zurück.

Sprache und Denken

Bedenke die Kraft jedes Wortes, bevor es entströmt
des Herzens Hortes.

Nichts entblößt uns mehr als die Sprache, sie ist
Denken und Fühlen zur Sache.

Ein freundliches Wort, ein kleines Lob, uns alle zu
Kraft und Mut erhob.

Zügle die Worte vor jedem Tadel, Verstehen und Vergeben
sind der Seele Adel.

Sinn und Fluß deiner Rede pflege und den Klang deiner
Stimme hege.

Der spitzen Zunge Bosheit ist kein Sieg;
sie fordert Opfer wie jeder Krieg.

Tou di niat sua o!

Tou di niat sua o,
ålls kua ma niat ho(b)m.
A gröißers Auto – wos is des scho?
Bål(d liegst im Gro(b)m!

Tou di niat sua o,
ålls kua ma niat wissn.
Da Pythagoras – wos is des scho?
Du wirst denna bschissn!

Tou di niat sua o,
ålls kua ma niat wer(d)n.
A recht haochs Åmt – wos is des scho?
Desto töifa is d' Er(d)n.

Tou di niat sua o,
bloß oi(n)s is dir gwiß:
A Hüwa(r)l als Gro(b. –
Walst a Mensch hålt bist.

Låchn u Greina

Tout da wos wäi(h, sua grei(n a weng,
brauchst di niat za schama,
wird dir's Herz amål za eng –
oder's reißt im Dama.
Gfreit di(ch wos, sua låch a weng,
des ghäiat a dazou,
's Le(b)m is schöi(n, 's Le(b)m is streng:
Schlaof gout – löiwa Bou!

Franz Wittmann, geb. 30. 1. 1927 in Stiedra, – früher Chefredakteur und Verlagsleiter sowie freier Mitarbeiter – Rektor a.D., Autor, Redakteur, Herausgeber, Lektor, vertreten in verschiedenen Schriftstellerverbänden und Anthologien. Verheiratet, fünf Kinder.

Zehn Sachbücher über Psychologie und Pädagogik, z.T. in 2. und 3. Auflage (Kernwissen Deutsch, Kernwissen Mathematik, Lebe dein Leben, Grundlegung des Gruppenunterrichts in der Grundschule, Der Weg zum ersten schöpferischen Schreiben, Nerven-Nerven, u.a. Werke zur Sportpsychologie) sowie Sammelband mit Erzählungen „Jede Wüste hat einen Brunnen", Auswahlhumoresken „Der Honig ist nicht weit vom Stachel", Roman „Zeit der weißen Armbinden", Anthologie „Das Egerland lebt" (Hrsg.), Gedichte „. . . suche ich die bunte Scherbe".

Referent an Seminaren für Führungskräfte, 1. Vorsitzender „Clemens Stephani Gemeinde", Leiter der Fachgruppe Publizistik im AEK u.a.m.

Otto Zerlik

Bestimmung

Sua månchers kinnt,
sua månchers gäiht,
dös wos ma oft
niat recht vastäiht.

Ma schimpft draf zou,
ma greint u klågt,
is volla Gåll
u gånz vazågt.

Doch nåuch ra Waal
dåu siaht mana(n:
wos kumma is,
dös håut möi(ß)n sa(n.

Sünst wa(r ållszsåmm,
wos recht u gout,
hingnumma wuarn
in Üwamout.

Die Last

Zwieseitigh is's Lebm.
Unhandlich san d'Säck.
Es kinnt no draf oa(n,
ob ma's richtigh oa(n)päckt.

Da oi(n quöhlt sich o(b,
wåiß niat, wöi ma's nimmt,
daß ma jå urndlich stäiht,
daß man niat za Fåll kinnt.

A ånnra dagegn,
trägt sa(n Låst wöi a Gspül,
däimt keck, wos nan druckt,
u necks is nan z'vül.

Sua is's u sua bleibts:
Wöis Lebm dich aa päckt,
es kinnt no draf oa(n,
wöi ma's nimmt, wöi ma's trägt.

Jahreslauf

Da Wind gäiht harb,
doch d' Sunn, döi lâcht,
d'Leut hâbm sich fest
in d'Fella gmâcht;
's wiard giagnt u gsaat,
va fröih bis spat.
Da Veit segnt's Kraut,
Richt d'Rechn hear!
Am Wiesan is
üms Blöiha gscheah.
Za Päitre-Paal
Wearn d'Würzl faal.
D'Zeit flöigt no sua.
Da Herwast kinnt,
dear's Laub u's Gros
u d'Räisla nimmt
u d'Lust u d'Freid!
Ålls hâut sa(n Zeit. –
Vaharscht, vaschneit
san Wies u Wold.
Herrgott, wöi is doch
äid u kolt.
In g'harschtn Schnäi
stirbt mânchas Räih.
Doch, äih ma's denkt, –
d'Zeit rennt no sua –
zeign 's Laub u 's Gros
u d'Sunna-Uhr,
wöis richtigh gäiht,
wenn ma's vastäiht.

Allerseelen

A Löichtl brennt,
fräigh niat: Vawaa,
es tout sein Däinst, –
's brennt niat valaa(r.

A Kinnerl greint
u harmt sich schwa(r,
's Löichtl valöscht
a bittra Zah(r.

Es gecht da Wind,
es föllt da Schnäi;
dear is sua kolt
u tout sua wäih.

A Nächterl klâgts,
stad sâgts da Wind:
„Da(n Mutterl schlaft,
gäih hoim, ma(n Kind."

Der Winter

Da Winta, da Winta,
dös is a årgha Schinda!
Dear tout mit Reiml, Eis u Schnäi
Feld, Gartn, Wold u Wiesan wäih. –
Dåu nutzt koa(n bitters Klogn,
ear läßt sich necks dra(n sogn.

Da Winta, da Winta,
üm Ållahaaling kinnt a.
Ear kinnt va durt, wåu töifa Nåcht,
wåu näimads singt, wåu näimads låcht
u wåu die bittra Nåut
dahoim is u da Tåud.

Da Winta, da Winta,
zan Seffi-Togh, dåu springt a.
Dåu schaut ear, daß ear 's Luach schnell findt
u üwern Büahl zan Spitzbergh kinnt;
waal nan ålls, gung wöi olt,
mit Schånd u Spott hoimzohlt.

Winterfreude

Du Freud! Du Freud!
Es schneit! Es schneit!
U Bäumla, Zweigla, Gros u Reis
san ümandüm wöi Zucka weiß, –
wal's schneit, wal's schneit;
du Freud!

Da Schnäi, da Schnäi
dear tout sua wäih.
Doch no dian Bläimlan af da Wies;
ma(n Kinnerl owa håut gånz gwiß
a Freud, a Freud,
wal's schneit!

Schäi(n stad, schäi(n stad,
håut's tüchtigh gwaht.
Doch öitza is dafür schäin stüll,
wal ma(n schäins Kinnerl Schli(tt)nfohrn wüll.
Du Freud, du Freud,
wenn's schneit.

Krähenklage

Krie-kra, krie-kra,
da Winta is schwa(r.
Krie-kra u krie-krumm,
da Hunga gäiht um.

Krie-kra, krie-kra,
ma(n Mogn, dear is laa(r.
Krie-kra u krie-krumm,
döi Gschicht, döi is dumm.

Krie-kra, krie-kra,
a Mäuserl wenn wa(r.
Krie-kra u krie-krumm,
schäina Fröihling, kumm, kumm!

Schneeglöckchen

Schnäiglöckerl in Wold,
is diar niat recht kolt?
Da Büahl liegt nuch weiß,
untern Schnäi, untern Eis.

Ei, du dålkata Bou
ich wåiß, wos ich tou,
ich tou, wos miar gföllt;
ei, wos kümmert mich d' Költ.

Gäih, hurch, låu(ß da sogn:
Wos nutzt da da(n Klogn;
tout's Herzerl aa wäih,
schau no lustigh in d' Häih!

Liebe im Jahresablauf

's Möida håut's ra schöia zsprengt,
sua woar d' Brust voll Freud,
wöi da Måia*) gföllt is wuarn. –
D' Pflånzn wearn zan
Veitstogh zuagn.
's Vöich håut gouta Zeit.

Annatogh. – Am Summerång
is üm's Bråutträi gscheah.
Bartlmeh, ei Baua, schneid,
mohl u zohl, 's is håucha Zeit. –
Måiderl, gäih, kumm hear.

D' Zeit rennt wöi da Hiartnhund.
's Glück is schnell vabei.
Aa die ållerschönsta Zeit
håut a Zeiderl Nåut u Neid. –
Doch du wiarst ma(n Wei(b!

Ållahaaling. – Draß is Rouh;
's Pfloughzeugh wiard verraamt.
'schreibt da Hiart sa(n Schütting** vüar. –
Måiderl, öitza g'häierst miar,
håut miar heint Nåcht traamt.

*) *Maibaum* **) *Lohn*

Herz-Lichtlein

Niat jedra koa(n hellaf singa,
niat jedra is lustigh afglegt,
doch jedern håut mit sichern Finga
da Herrgott a Löichtl afgsteckt.

Dös oina is stürka u länga,
dös ånnara schmachti u kloa(n, –
ob mäihara oda ob wenga,
gånz gleich, paß af, hurch oa(n:

Da(n Herzl is sua-r a Löichtl.
Gi(b åcht, daß neks dazou kinnt
u daß diar niat weghan Gezündl
da Herrgott dös Löichtl wegnimmt.

Åcht draf! Låu(ß 's gleichmäßigh brenna,
daß 's jå niat unnütz vagäiht;
da Herrgott, dös koa(n)st nan niat nehma,
dear wåiß, wöis üms Herz-Löichtl stäiht.

Freud und Leid

Gestern håbm d' Ährla nuch tüchtigh grauscht,
's woar a Dazüahln u a Sogn;
håbm mi(t)n Kuarnbläimalan Schmatzla tauscht, –
näimads håuts gseah, – no da Ro(d)n*).

A Höitbou håut gsunga,
is mi(t)n Rindvöich a(n)triebm
a Glöckerl håut klunga,
's håut Feieråubmd glie(t)n.

Heint spreizn d' Holm, åch, dös tout sua wäih –
d' Seins håut an gånzn Togh tschurpt.
Siahst koina blöihatn Bläimla mäih',
san scho toghsüwer vadurrt.

Da Höitbou singt wieda
u's Glöckerl läut z' Rouh;
da Tau såiglt nieda,
deckt Bläimerla zou.

Niat ånnascht gäihts aa an Leutn oft,
wåchsn in Freud u in Löi(b.
Owa, af oa(n)mål, gånz unverhofft,
zwingt sie gach eppas in d' Knöi...

Toghsdraf stäiht 's Hiartl åls Afwartbou**
mittn in Greina u Klogn
u a kloins Glöckerl klingt aa dazou
traurigh, es is niat zan sogn. –

*) *Kornraden* **) *Ministrant*

Sie weiß es

Gäiht dåu a Mutta,
für sich alloi(n,
mit ihrn kloin Kinnerla
üw'ran schmoln Roi(n.

D' Vüagherla håbm gsunga,
d' Haaschneckn geigt;
in Wåiz schlägt a Wåchtl
u's Kinnerl håut gfräigt:

„Siah, schau döi Bläimerla,
Mutta, schau hear;
håust döi schäin Bläimerla
du aa scho gseah?

Siah, dåu döi weißn,
durtna döi råu(t)n,
danewa döi gelbm
u dahinta döi blåum.

Sogh miar doch, Mutta,
sogh miar: Vawaa
blöihn döi schäin Bläimerla? –
Eppa valaa(r?"

U dåu sågt d' Mutta;
„Na(n, ma(n Kind, siah,
åll döi schäin Bläimerla
blöiha no diar."

Deine Zeit

A Stearnl föllt;
wöi weit, wöi weit?
Nuch, äih's bedenkst,
varrinnt da(n Zeit!

Bist volla Freud,
wal d' Sunn schäi(n) låcht, –
doch, ka(u)m nuch denkt,
is töifa Nåcht.

Gånz ungedånks
wiard g'håst u g'hetzt, –
u wos bist du
af d' guta Letzt?

A Togh varrinnt,
A Stearnl scheint,
A Lebm valöscht,
A Herzerl greint...

Das Hirtenkreuz

Am Huhlwegh, hintern Hiartnhaus,
stäiht schief a stoinighs Kreuz.
Seit wenn? – Wear wåiß's? Ma häiert sogn:
Dåu häit da Blitz an Hiart daschlogn,
vur långa, långa Zeit.

Ums Kreuz, draß hintern Hiartnhaus,
wächst a schäins schnittighs Gros
u Bläimla blöiha, schäi(n u vül, –
doch koa(n ma kumma, wenn ma wüll,
sie san a bisserl noß.

Dös Kreuz, dös håut a Geistastun(d,
wenns Kuarn grod zeitigh wiard;
A Engerl kinnt u harmt sich schwa(r
u greint in d' Bläimla bittra Zah(r,
für dian daschlogna Hiart.

Der Hof

A rechta Huaf vawindt sua månchern Schlogh,
ear stäiht vuar Gott oa(n Werk- u Feiatogh.

Ear zeigt für sich a Stückl Äiwighkeit,
drüm hölt ear stånd aa in da ürgstn Zeit.

Ear wåiß niat, wear u wos in Grundbouch stäiht,
doch kennt ear, wear durch Tür u Tåua gäiht.

Dös is sa(n Tråust, wenn's oina läihlåus treibt:
es freckn d' Gäns, owa da Ånga bleibt.

Für Kinder

Schweigh, ma(n Kinnerl, schweigh,
schau, 's Zeisgerl in da Steigh,
dös håut schäi(n stad sa(n Schnawerl gwetzt
u sich af's häichsta Stangerl gsetzt,
daß fröih wieda fest singa koa(n. –
Schlåuf schäi(n, sünst häierst necks davoa(n,
Drüm schweigh, ma(n Kinnerl, schweigh,
wöis Zeisgerl in da Steigh.

D' Häihnla am Stangla,
d' Bläimla am Rangla
schlåufm schäi(n stad,
Wenn no ma(n Klänsta,
ma(n Ållaschänsta
aa schlåufm tat.

Da Måu(n kinnt durch d' Bäuma
u tout schäi(n scheina
die gånza Nåcht;
waal ear fürs Klänsta,
fürs Ållerschänsta
am Himml wåcht.

Gäih, tou dich streckn!
Låu(ß dich zoudeckn
u bin schäi(n brav!
Sua stäiht ma(n Klänsta,
ma(n Ållerschänsta
fröih låchat af.

Und sua håut unna Jesulein
schäi(n zwischa Ochs und Esulein
treuherzig gschaut und glacht
und d' Leut glücksöligh gmacht.

Ringl – Ringl – Räisla

Ringl-Ringl-Räisla
blöiha weiß u råut
in mei(n)'s Våters Gartn,
wåu's ra grod soot håut.

Ringl-Ringl-Räisla
blöihn in jedern Eck,
oft is aa a gråußa
Råusn drin vasteckt.

Ringl-Ringl-Räisla
wearn in Herwast laa(r. –
åch, wöi wiard miar åffa
üm ma(n Herzerl schwa(r.

Ringl-Ringl-Räisla
blöiha weiß u råut, –
oin is 's Herzerl zbrochn,
dös is öitza tåut.

Otto Zerlik: In Uittwa am 4. Januar 1907 geboren, kam der Sohn eines Kaufmanns nach betont ländlicher Kindheit und etlichen Handwerkerjahren, er erlernte das Maurerhandwerk, zur Volkstumsarbeit und wurde als solcher bereits vor der Vertreibung weit über die Heimat hinaus bekannt. Besonders nach der Vertreibung wurde der Zerlik Ottl zu einem Symbol für egerländer Volkstum. Die Zahl seiner Arbeiten ist gewaltig, so das „Selbstgeschaffene", das 18 Werke umfaßt, das Gesammelte, Gesichtete, an dem er mitarbeitete bezw. das er herausgab mit 23 Titeln. Beteiligt war er auch an Festschriften, einem Film und einer Schallplatte, an Gemeinschaftsveröffentlichungen, und er hatte die Schriftleitungen vieler Heimatzeitschriften und Kalender inne. Um nur einige Titel zu nennen: „A Herzl für d' Hoimat", „Egerländer Bauernjahr", „Das Kurbarometer", „I bin dir gout", „Fest und Feier im Sudetenland", „Hol–la–rou–di", „Pflug und Garbe", „Josef Hofmann-Volksbuch", „Weihnachten im Karlsbader Land", „Egerländer Witz", „Das geweihte Brünnlein", „Karlsbad für immer", „Egerländer Histörchen", „Egerland – Heimatland", „Das Egerland erzählt", „Als der Schwed im Lande war" . . .

Er leitete den „Egerländer Heimatbrief", das „Karlsbader Badeblatt", die Stammeszeitschrift „Der Egerländer" und gab 30 Jahre lang das „Jahrbuch der Egerländer" heraus. In ungezählten Schriften und Heimatbriefen ist er ständiger, teilweise schon jahrzehntelanger Mitarbeiter. Seine Spruchgutsammlung, die 1945 verloren ging, hat er auf etwa 40.000 Aussprüche erweitert.

Der Weltenbummler, der außer Australien alle Kontinente besuchte und in Europa außer Albanien in allen Ländern zu Gast war, ist „ein wandelndes Lexikon", ja, er ist das Gedächtnis des Egerlandes. Seine Mundartgedichte, die er auch in vielen Veranstaltungen vortrug, sind beste egerländer Mundartlyrik. Die Erhaltung des Volkstums war und ist seine Lebensaufgabe.

Sich und seinem Werk stets treu:

Franz Bergner

Die Zahl der Werke und Restaurierungen dieses am 24. März 1916 in Luditz geborenen akademischen Bildhauers sind Legion. Und er blieb sich und seinem Werk stets treu. Nach sorgloser, fast romantisch-sonniger Kindheit, in der bald seine schöpferische Begabung erkannt wurde, besuchte er vier Jahre die Bildhauerschule in Horice, die Akademie der bildenden Künste in Prag bei Prof. Kafka und in München bei Prof. Bleeker. Ein Lazarettaufenthalt des mehrmals verwundeten Leutnants in Heidelberg ließ ihn dort Freunde, erste Aufträge und die weitere Bleibe finden. Schuf er zuerst vorwiegend Keramikarbeiten, Portraits namhafter Wissenschaftler und Industrieller, so reihte sich alsbald Arbeit an Arbeit: Figuren auf der alten Brücke in Heidelberg, am Karlstor, am Heidelberger Schloß, an der Michaels-Basilika auf dem Heiligenberg und viele hervorragend gearbeitete Madonnen, so die barocke Medersche Madonna, jene auf dem Fischmarkt an der St. Anna Kirche.

In Heidelberg-Kirchheim steht sein großes Friedhofskreuz und das Mahnmal „Trauernde Frauen“ als Gefallenendenkmal, an der BAB Karlsruhe-Frankfurt das beeindruckende Heidelberger Friedenskreuz. In meisterhafter Komposition und liebevoller Ausführung stehen im ganzen nordbadischen Raum seine faszinierenden Kunstschöpfungen.

Kunst hat leise Flügel – wie das Glück:

Paul Günther

Man kann diesen am 23. Februar 1922 in Saaz geborenen und nunmehr in Augsburg ansässigen akademischen Maler und Graphiker in der Alten Pinakothek in München antreffen, wo er meisterhaft einen Rubens kopiert, an einem Feuerwehrhaus oder einem Bauernhaus in den Alpen, denn er pflegt noch die Tradition der Lüftlmalerei (Fassadenbemalung), über den Entwürfen für Bücher- und Zeitungsillustrationen . . . In früher Jugend nach Karlsbad gekommen, befähigte ihn sein Talent zum Eintritt in die Staatsfachschule. Von Prof. Hegenbarth erhielt er eine wertvolle Grundausbildung, beim Akademiestudium in Dresden hat ihn Prof. Sauerstein einprägsam weiterentwickelt.

Nach dem Kriege in der „angewandten Kunst“ war er Designer in der Porzellanindustrie, Atelierleiter für Messegestaltung, in mehreren Verlagen; seit 1975 freischaffend. Er ist unwahrscheinlich vielseitig, beherrscht nahezu alle Techniken, naturalistisch und abstrakt können seine Portraits und Landschaften sein, und er karikiert auch gern. „Kunst hat leise Flügel – wie das Glück: Zwang verscheucht sie beide“, sagt der auch in Volkshochschulen unterrichtende Künstler, der seinem Vater aus Dank für die Ausbildung Lieder des verehrten Tolerhanstonl (Anton Günther) auf Bütten in schönster Kunstschrift schenkte. In den Bildinhalten sucht er „gemalte Philosophie“, und er will alle ansprechen.

Breit gefächertes künstlerisches Wirken:

Wilhelm Hager

Am 26. Mai 1921 in Karlsbad geboren, besuchte er von 1935 bis 1937 die Staatliche Fachschule für Porzellan in seiner Heimatstadt, dann für je zwei Jahre die Hochschule für Bildende Kunst in Weimar und anschließend – als Werkstudent – die Hochschule für Bildende Kunst in Berlin, wo er bei Frau Prof. Kollwitz Mitglied der Ateliergemeinschaft Berlin wurde.

Breit gefächert ist sein künstlerisches Wirken, für das er 1951 den Kunstpreis der Jugend in Baden-Württemberg erhielt, wo er auch heute noch, in Illingen, lebt. 1980 wurde ihm der Sudetendeutsche Kulturpreis zugestanden. Ausstellungen in vielen Weltstädten (Prag, Berlin, Karlsbad, München, Wien, Zürich, Mailand, Rom, Florenz, Nizza, Cannes, Venedig, Paris, London, New York) und vertreten in vielen öffentlichen Sammlungen (Bamberg, Stuttgart . . .) bekam er auch viele öffentliche Aufträge, so für Ehrenmale, Altenheime, Schulen, Krankenhäuser, Festhallen, für Kasernen, Brunnen. Seit 1950 lehrt er auch an Volkshochschulen; in Katalogen zu Ausstellungen ist er vertreten, u. a. in „Der Bildhauer Wilhelm Hager" (1963). Köstlich sein urwüchsiger Egerländer Humor, wie etwa in der Broschüre „Die Egerländer Schöpfung", von Paul Günther illustriert; beeindruckend aber vor allem seine Werke, etwa die lebensgroße Bronzebüste von Theodor Heuß u. v. a.

Schaffen aus dem Alltag heraus:

Helmut Hellmessen

Zwar wuchs er in Aussig und Prag auf, wurde aber 1924 in Karlsbad geboren und studierte nach Entlassung aus der Gefangenschaft von 1948 bis 1953 an der Hochschule für Gestaltung in Offenbach a. M. Anschließend arbeitete er als Atelierleiter bei einem Pressedienst in Frankfurt, um ab 1956 als Graphiker und Maler freiberuflich in Maintal tätig zu sein.

Der Künstler bevorzugt Handzeichnung, Mischtechnik, Radierung und Lithographie, und die Thematik ist beherrscht von „Mensch und Raum in unserer Zeit". – „Die Basis meiner künstlerischen Tätigkeit ist das Schaffen aus dem Alltag heraus; Impulse, die das Bewußtsein und das Unterbewußtsein einbeziehen . . ." sagt er, und wird beurteilt: „Zeichnungen sehr interessant und ebenso sensibel wie virtuos" (M. Schneckenburger); „. . . minutiöse Radierungen und Zeichnungen" (R. Krämer-Badoni); und „. . . eminente Zeichenkunst" (R. d'Hooghe). – Mitglied in vielen Künstlergruppen ist er seit 1978 auch Dozent an der Volkshochschule Hanau. Ausstellungen seiner Werke gab es im In- und Ausland. An Auszeichnungen erhielt er, der u. a. auch für Franz Wittmanns Roman „Zeit der weißen Armbinden" den Umschlag gestaltete, in Form des Sudetendeutschen Kulturpreises (1981), den Studienpreis der Heussenstamm'schen Stiftung (1981) und das Ehrendiplom „Hommage á Altdorfer" (Wörth/Donau).

Führende Rollen im umfangreichen Repertoire:

Birgit Keil

Aus dem kleinen Ort Kowarschen im Kreis Luditz kam sie als Kleinkind in den Westen – und wurde „die erste bedeutende deutsche Ballerina seit Fanny Elssler“, schrieb der Starkritiker der „New York Times“. Die 1966 mit dem Förderpreis des Kulturpreises der Sudetendeutschen Landsmannschaft Ausgezeichnete trat mit elf Jahren in die Ballettschule des Württ. Staatstheaters ein, in einer Aufführung von „Dornröschen“ tanzte sie ihr erstes kleines Solo. Mit 16 war sie Mitglied des Ballettcorps, mit 18 Solistin und mit 20 tanzte sie ihre erste „Odett/Odile“. John Cranko erkannte das junge Talent, und schon 1961 schuf er „Scènes de Ballet“ für sie. Es folgten wichtige Rollen und bald Interpretationen des klassischen Repertoires wie „Giselle“, „Schwansee“, „Coppelia“, „Romeo und Julia“, „Onegin“, „Der Widerspenstigen Zähmung“ und „Carmen“. John Cranko widmete ihr den 2. Satz seines für die Stuttgarter Freunde geschriebenen Balletts „Initials R.B.M.E.“

Der Rang der Primaballerina ist an ihrem umfangreichen Repertoire mit führenden Rollen in verschiedenen Choreographien zu erkennen. Es kamen etliche Fernsehproduktionen dazu, zuletzt im britischen TV-Programm. Publikum und Kritiker umschwärmen sie gleichermaßen, doch zum Naturtalent gehört unwahrscheinlicher Fleiß. Und ausgerechnet an der „Met“ in New York riß der Meniskus ab.

Kleine Rückschau eines Alleskönners:

Hans Albrecht Kuttner

Der gesamte Bestand seiner Arbeiten, die er auch in Marienbad, Franzensbad und im Deutschen Haus in Prag ausgestellt hatte, wurde ein Raub der Tschechen, lediglich seine in Rußland entstandenen Werke konnten gerettet werden. Geboren am 26. 9. 1903 in Marienbad, lernte er Fotograf und besuchte die Freie Kunstschule in München (Gebrauchsgraphik, Aktzeichnen). Er gestaltete Werbedias für eine Reklamefirma, war Zeichner und Musterentwerfer (heute sagt man Designer) in einer kunstgewerblichen Werkstätte und Graphiker in einem Werbebüro für Kaffee, alles in Marienbad. Später tätig als Graphiker und Retuscher in einem Verlag in Franzensbad sowie im Werbeamt der Kurverwaltung Marienbad – bis er 1942 Soldat wurde.

Nach dem Krieg arbeitete er als Graphiker und Maler bis 1948 und anschließend im Atelier einer Tapisseriefabrik im Raum Stuttgart. Ab 1968 folgte das Rentnerdasein, das er reichlich mit Zeichnungen, Skizzen, Aquarellen und Städtezeichnungen ausfüllte. Eine Reihe von Ausstellungen wurde beschickt: Regensburg, Bad Cannstatt, Bayreuth, Kempten; von 1953 an jährlich im Rathaus Obertürkheim. Dazu gesellten sich viele eigene Ausstellungen in Galerien, Büchereien und bei Heimattreffen. Für die Egerländer Gmoin schuf er Fahnen, Festabzeichen und Plakate, der Marienbader Heimatverband gab einen kleinen, illustrierten Gedichtband heraus.

Der Mann mit dem goldenen Blick:

Robert Löbl

Er kam am 22. 10. 1909 in Netschetin, Kreis Luditz, zur Welt und hat in den letzten 30 Jahren unzähligen Menschen durch seine stimmungsvollen Landschaftsaufnahmen von den Schönheiten der Natur und der Bergwelt Freude bereitet. Es erschienen inzwischen über 2½ Millionen Bildbände aus über 50 Serien, so ein Viertel der 30 großformatigen Traumstraßen-Serie, ein Dutzend Tyrolia-Großbildbände, aber auch Kalender usw. Im Eigenverlag brachte er einen Prachtband über Liechtenstein heraus; Bad Tölz, wo er im Ortsteil Ellbach wohnt, ist stolz auf das Portrait, einen Farbbildband, das dieser Meister der Lichtbildkunst schuf.

An seiner Wiege wurde keinesfalls gesungen, daß er einer der beliebtesten und bekanntesten Heimatfotografen werden würde. Ohne eine richtige Lehre – mit 12 Jahren bekam er einen wurmstichigen, ramponierten Fotoapparat – half er einst dem Ortsfotografen, schleppte das schwere Holzstativ und die sperrigen Plattenkameras. Interesse und Freude weckten seinen Ehrgeiz. Als Drogerist verdiente er seinen Lebensunterhalt, mit Können, Ideen, Beweglichkeit und etwas Glück schuf dieser Self-made-man die Basis für seine Erfolge. Seine Aufnahmen plant er am Schreibtisch, er ist kein wilder Knipser, der auf Glücksschüsse abzielt. Man nennt ihn „den Mann mit dem goldenen Blick“.

Auf dem Amboß wächst seine Kunst:

Emil Schneider

Der am 29. Juli 1913 in Karlsbad-Espenthor geborene Kunstschmiedemeister ist äußerst vielfältig in seinem Tun: Beruflich arbeitet er nach eigenen Entwürfen (so Kirchhoftore, Grab- und Gedenkkreuze . . .), Ausführungen nach Bildhauerentwürfen (etwa Rathaus- und Portaltüren, Brunnen . . .) und beim Wiederaufbau historischer Kulturdenkmäler (u. a. Abteikirche Neresheim, Neues Schloß in Stuttgart . . .). Auf dem Amboß wächst seine Kunst. Für sein herausragendes kunsthandwerkliches Können und sein Wirken um die Bewahrung von Kulturgut, Volks- und Brauchtum seiner Egerland-Heimat erhielt er die Karlsbad-Plakette. Mit dem von ihm gegründeten und geleiteten BdV-Volkstumskreis Albuch führt er das Mysterienspiel „Der Ackermann und der Tod“ von Johannes von Tepl in ganz Deutschland auf. Bereits 1936 wirkte er in diesem Spiel mit, das den unlösbaren Konflikt Herz/Kopf „unter die Haut führt“.

Er wohnt nun in Essingen im Ostalbkreis. Schon als junger Mann wurde er bekannt durch seine Tätigkeit als hauptamtlicher Volkstumsarbeiter in der Jugendbewegung des Bundes der Deutschen in den Bezirksverbänden Luditz-Buchau und Manetin. Darüber schrieb er auch in Beiträgen für Bücher und Heimatbriefe. In Referaten entwarf dieser selbstlose und aufrechte Egerländer sein unbeirrbares, untadeliges Idealbild vom Kunstschaffen.

Ruhe und Ausgeglichenheit durch Schönheit:

Heli Schwalm-Trötscher

Sie wurde am 30. 1. 1924 in Luditz geboren, besuchte Studienseminare in Prag, Eger, Karlsbad, Reichenberg und Wien. Weiterbildung bei Prof. Hegenbarth, Josef Zwerenz, Franz Moser und Dr. Adamek. Erste Ausstellung ihrer Bilder in Karlsbad. Nach der Vertreibung Gebrauchsgraphikerin und Modezeichnerin. Erste Ausstellungen mit Temperamalerei und kleineren Ölgemälden. Ein Jahr Filmreklamebranche in Aachen, zwischendurch Buchillustrationen und Restaurierungen. Ab Mitte 1970 beschickte sie größere Ausstellungen in Südtirol, Frankreich und namhaften Galerien in Deutschland. 1977 Eröffnung einer eigenen Galerie in Groß-Gerau mit laufenden Ausstellungen. – Die in Rothenburg o.T. wohnende Künstlerin bevorzugt in ihrer Arbeit die Vielfalt der Natur, will Menschen durch Bildnisse, Landschaften und Tierbilder erfreuen, durch Schönheit der Natur Ruhe und Ausgeglichenheit schenken.

Seit 1960 arbeitet sie engagiert für die Belange Südtirols (Unterstützung bedürftiger, kinderreicher Familien, dörflicher Bibliotheken, Kleinschulen in abgelegenen Bergdörfern . . .). Sie erhielt die erste Ehrennadel des Südtiroler Kriegsopferverbandes, die ins Ausland ging. An der Errichtung der Luditzer Heimatstube in Bad Sooden-Allendorf war sie beteiligt, für Zeitungen und Zeitschriften verfaßte sie Erzählungen, Berichte und Gedichte.

Freude durch echte Volkskunst:

Alice Staudacher-Voit

Sie kam 1922 in Schlaggenwald zur Welt und wohnt seit der Vertreibung 1945 in Rothenburg ob der Tauber. Angeregt durch den Vater schuf sie seit der Kindheit Scherenschnitte – und brachte es inzwischen zu einer vielbewunderten Meisterschaft, zu Buchillustrationen (u. a. Otto Zerliks „I bin dir gout“), vielen Kalenderblättern, die ihre Scherenschnitte zieren. Und mit ihren Werken nahm sie auch an öffentlichen Ausstellungen teil.

Freunde und Bekannte nennen sie eine „Alice im Wunderland“. Aber ist es nicht so, daß „das blaue Blümchen Romantik“, das so sehr zum mittelalterlichen Rothenburg paßt, allein die Phantasie und flinke Schere der Künstlerin beflügelt; sie schuf auch „moderne Bilder und Szenen“. Sie hat ihre Kunst, die berühmte Vorbilder in Adolf Menzel, Philipp Otto Runge und Moritz von Schwind im 19. Jahrhundert hat, nicht erstudiert, sondern ganz aus sich selbst heraus entwickelt. Mit dieser echten Volkskunst will sie Freude bereiten, aber sie nimmt auch erfolgreich alljährlich an der Frankfurter Messe teil. Während man mit ihr plaudert, entstehen wie selbstverständlich, obwohl es nur so scheint, im vollen Kontrast von schwarz-weiß die Heilige Familie im Stall von Bethlehem, Christrosen, Tiere in zierlichen Gittern, ein Egerländer Bauernhof, eine Szene im Hafen – oder ganz, wie es eben gewünscht wird.

Künstlerische Hobbys – Malen und Schneiden:

Ilse Tutter

Sie war Lehrerin – und nebenbei bildete sie sich zu einer bekannten und vielseitigen Künstlerin aus, die malt, Holz- und Linolschnitte herstellt – und sich immer weiter fortbildet. Als Ilse Lugner kam sie am 15. Mai 1916 in Elbogen zur Welt, besuchte die Schulen in Tachau, gehörte dem Turnverein und dem „Wandervogel“ an, besuchte von 1931 bis 1935 die Lehrerbildungsanstalt in Prag. Von 1939 an bis zur Vertreibung unterrichtete sie in Reichenberg. Über das Fichtelgebirge und Frankfurt/M. führte sie ihr Weg 1963 nach Kötzting im Bayerischen Wald. Sie war bis 1978 als Lehrerin tätig und begann ihre künstlerische Ausbildung in Sulzbach-Rosenberg mit Malen, Holz- und Linolschnitten an der Volkshochschule bei H. Sailer. Kunstausstellungen: Seit 1972 in Kötzting, Zwiesler Buntspecht, Englmar, Vilshofen und Regensburg. „Drei unter einem Hut“ vereinigte sie in einer Vernissage mit zwei weiteren Künstlern in einer Galerie in Straubing.

Inzwischen ist sie selbst Dozentin für Bauernmalerei, Linolschnitte und Hinterglasmalerei an der Volkshochschule. Viele Heime schmücken inzwischen großformatig in Linol geschnittene Landschaften, Städteansichten, Kirchensilhouetten, inzwischen auch solche in anderen Techniken, so in Aquarell.

Flüchtlingsbetreuerin, Farmersfrau, Malerin:

Maria Julia Wanka

Geboren am 23. März 1909 in Marienbad, war sie in Neudeck und Prag beruflich tätig, bis sie im Oktober 1938 nach London flüchtete und sich dort aktiv in die Betreuung sudetendeutscher sozialdemokratischer Flüchtlinge und in die Organisation der Auswanderung von über 1000 Personen nach Kanada einschaltete. Selbst wanderte sie 1939 in das Peace River Gebiet von Britisch Kolumbien aus, war Farmersfrau und 1948/49 Sekretärin im Canadian Christian Council for Resettlement of Refugees (Familienzusammenführung deutscher Vertriebener nach Kanada) in Hannover.

Nach 1960 erfolgte Hinwendung zur Malerei: Ausbildung in Abendkursen, Lehrgänge in der Banff School of Fine Arts, Kurse in der Bayer. Freizeitakademie bei Prof. Heribert Losert. Sie arbeitet in Aquarell, Öl und Akryl. Als Gründungsmitglied der Kunstvereinigung für das südliche Peace River Gebiet erfaßte sie die Künstler aus Alberta und Britisch Kolumbien. Seit 1969 ist sie an vielen Ausstellungen beteiligt: Wanderausstellung in Kanada durch die Künstlergilde für sudetendeutsche Künstler; in Ulm; Dawson Creek, B.C. und Grande Prairie, Alberta; Galerie Wagner in Dietzenbach, bei der Kulturtagung der SL Hessen in Königstein/Taunus, Vereinigung der Kunsträte Britisch Kolumbiens und derzeit Wanderausstellung ebendort.

Inhaltsübersicht